LE TRIPODE
Littératures ■ Arts ■ Ovnis

FAÏEL ET LES HISTOIRES DU MONDE

Illustration de couverture
Corinne Pauvert, *Huit corbeaux*, 2024

Paolo Bellomo

Faïel
et les histoires du monde

roman

LE TRIPODE

à Fernanda Lampugnani

Un matin d'il n'y a pas si longtemps,
un même son retentit partout sur la surface de la Terre,
faillit en déchirer l'atmosphère.

Ce livre reconstitue les histoires qui menèrent à cela.

Le lecteur y croisera, entre autres, les vies de :

Sara & Sisine

Djesuppine, Terési & Frangui

Nennelle & Djuañi

Samouèle

Faïel, Ouittorye & le garçon de la chênaie

Colin Saintorsole, Vitelarìnze & Marisabède

Taloud, Resarye, les Orphelines & le foyer présidentiel

Tchan, Nioud, Bellonye & la bande à Bravo.

Histoire de Sisine

Il paraît que ma mère est incapable de pleurer.

Voilà son problème. C'est à cause de ça que nous avons été obligés de fuir, elle, ma sœur Nennelle et moi. Parce qu'elle est incapable de pleurer.

Depuis que mon père est mort, j'ai dû entendre cette phrase des centaines de fois. Ça prenait des formes différentes. Ta mère est incapable de pleurer. Sisine est incapable de pleurer. Tu as vu, elle n'a pas versé une seule larme. Ça obsédait les gens de notre quartier, de la ville entière, ça les rendait fous. Que ma mère ne pleure pas la mort de son mari, la mort de mon père Samouèle.

Ils en sont venus à oublier qu'il a été assassiné, mon père, sans aucune raison. Aucune raison apparente, c'est comme ça qu'ils ont dit avant de se laisser obséder par le visage si sec de ma mère. Ils ont oublié qu'il fallait comprendre pourquoi un homme d'une trentaine d'années qui s'était éloigné pour aller négocier son salaire auprès de son patron avait été tué par une balle venue d'on ne sait où et qui s'était enfoncée dans sa tempe droite.

Moi, ils ne m'ont rien reproché, j'ai pleuré tout de suite, avant même de savoir que mon père était mort, j'ai pleuré dans le bout de rue où je jouais avec mes copains en voyant arriver trois des meilleurs amis de mon papa qui me cherchaient avec leur regard d'une façon qui m'a mis les larmes aux yeux. Ils ne me l'ont pas dit, que mon père était mort.

« Tu as raison de pleurer », me disaient-ils en me tenant de leurs bras, je touchais à peine le sol avec mes pieds, deux, trois pas sur dix, « ton père était un homme extraordinaire ».

Je pleurais sans savoir ce qu'ils étaient en train de me dire, et ils me faisaient mal aux bras, aux aisselles en me serrant avec leurs mains. Quand j'ai vu ma mère se tenir debout devant une table dans la cuisine des grands-parents, j'ai couru m'agripper à elle, loin de ces hommes qui me faisaient pleurer. Ma mère m'a souri et j'étais déjà plus calme, elle m'a regardé dans les yeux avec tout l'amour qu'elle a toujours eu pour moi et m'a dit qu'on allait s'en sortir tous les trois, elle, ma sœur et moi, puis, sans le vouloir, son regard s'est détaché un instant du mien pour se poser sur la table derrière moi, la table autour de laquelle maintenant il y avait des dizaines de corps debout avec le visage baissé et les yeux médusés, la table sur laquelle se tenait mon père, allongé et détendu comme je ne l'avais jamais vu. Et là il m'a fait une de ces peines qui prennent toute la place et j'ai recommencé à pleurer. Je ne me rappelle pas quand j'ai arrêté.

Je me rappelle que tout le monde petit à petit a commencé à parler dans l'oreille de son voisin, et qu'ils regardaient tous autour d'eux, qu'ils se passaient le mot, le nom plutôt, celui de mon grand-père – Vitelarìnze – qui n'était toujours pas là, et qu'une douleur sincère commençait à pointer sur leur visage. Puis un jeune homme très mince qui se trouvait près de la porte a eu une hésitation et il est sorti en courant, en se touchant l'oreille dans laquelle on venait de chuchoter.

Les femmes venaient voir ma mère, lui caressaient le visage, serraient fort ma tête contre leur tête, ou contre leur jambe, ou me tapotaient la nuque, et toutes disaient à ma mère, quel gâchis, quelle peine, si jeune, si jeune notre Samouèle, sois forte, il faut que tu sois forte pour eux, et elles me caressaient les cheveux, indiquaient le berceau de ma sœur du menton ou du coude. Puis il y a eu un bruit de pas de course, des cris, et les dizaines de corps debout ont laissé passer mon grand-père, qui s'est jeté vers la table avec mon père dessus et qui s'est arrêté en plein milieu du mouvement, comme si un poids lui était tombé dans la tête et avait rendu plus lourds tous les membres de son corps. Et là, devant le corps allongé de papa, une lumière comme le sourire d'un fou lui a traversé les yeux et il s'est mis à respirer fort et à courir dehors, suivi par la moitié des gens qui se tenaient là, et qui ont enfin pu crier quelque chose, ils n'en pouvaient vraiment plus, tu vas où, arrête-toi, hé, Vitelarìnze !, c'est là que j'ai entendu la voix de ma grand-mère Marisabède qui, au milieu des sanglots, tenait une note rêche qui devenait de plus en plus forte. Ça vibrait partout et je détestais ce son si familier qui venait se glisser dans mon oreille et lui disait de se laisser faire, qu'après tout ce n'était que la voix de ma grand-mère, la même qui me chantait les berceuses, que je n'avais rien à craindre, la même qui chantonnait en venant nous chercher à la crèche, à l'école. Toutes les autres voix se sont accordées à la voix de ma grand-mère et ont chanté un chant qui disait qu'on lui avait pris son fils, qu'il était beau et qu'on lui avait pris, qu'il était bon et qu'on lui avait pris, son fils à elle. Samouèle. Mon père. Je me suis mis à chanter moi aussi, en pleurant d'énervement contre ces voix qui m'y obligeaient, mais après avec ma voix j'avais l'impression de toucher mon père, de le protéger, de faire rester encore un peu la chaleur dans son corps, de pouvoir lui dire reste, reste encore un peu, ne pars pas, ça m'a soulagé et je me suis senti un peu coupable d'être soulagé, de m'interrompre de pleurer pour sentir ce sentiment de chaleur, de communion si proche de la joie. Nous chantions tous et je me suis retourné vers ma mère pour chanter dans ses yeux, mais elle ne chantait pas, elle m'a souri, a serré ma main dans la sienne, mais elle ne chantait pas, je l'ai vue, elle nous encerclait d'amour avec son sourire, mais d'un coup, porté par la puissance du chant j'ai eu pour la première fois dans ma vie l'impression qu'elle était toute frêle, ma mère, mais ça n'a duré qu'un instant, parce que le chant m'a ramené aux autres.

Je ne sais pas combien de temps ça a duré, à la fin on était tous plus détendus, mais pas détendus comme papa, non, c'est comme si la douleur était passée et avait caressé les muscles de nos visages et qu'elle nous les avait restitués tout mous. Mon père semblait moins seul. C'est là que ma grand-mère Marisabède s'est approchée de ma mère et lui a dit, ne t'inquiète pas, Sisine, ça viendra, il faut attendre un peu, demain tu chanteras avec nous, ça te fera pleurer un coup, ça te fera du bien. Quelqu'un d'autre lui a dit aussi de ne pas s'inquiéter, que d'autres se chargeraient de faire à manger pour elle, pour mes grands-parents et pour moi. Qu'il fallait manger pour allaiter. C'est là que j'ai senti que j'avais faim.

Les gens suivirent Vitelarìnze dans la rue. Ils avaient abandonné leurs inquiétudes dans le salon sombre où on veillait la dépouille de Samouèle. Donc là, à l'air libre, ils étaient franchement excités par le regain de forces de ce petit homme qui avait vu passer plus de soixante-dix étés : ils n'avaient plus à jouer le chagrin. Une vraie libération.

Vitelarìnze avançait sur ses jambes solides de berger, respirait fort et ne disait pas un mot. Il allait vers l'habitation de Saintorsole, le patron de son Samouèle. Sans qu'il le sache vraiment, il était en train de reparcourir des bouts du chemin parcouru par son fils juste avant qu'il ne soit tué. Quelques mètres derrière lui, lui emboîtant le pas, les suiveurs formaient un essaim agité.

Lorsqu'il arriva devant la grille de la villa de Saintorsole, Vitelarìnze empoigna les barreaux, les secoua fermement, comme ça, à plusieurs reprises. Derrière lui, l'essaim hélait, sifflait, on rigolait des grossièretés lâchées par d'autres ou par soi-même. On aurait dit que, venue de tous horizons, la véhémence s'était mise à affluer vers ce point de l'espace – un simple bout de trottoir devant la maison de Saintorsole, où à présent se pressaient plusieurs dizaines de personnes. De l'autre côté de la grille, les oliviers, figuiers et noyers du jardin avaient l'air indifférents à ce qui se passait dans la rue. Pourtant leur ombre, à cette heure-là, évitait soigneusement de s'aventurer sur l'allée qui menait à la maison : chauffé à blanc par le soleil, le gravier défiait les émeutiers, allaient-ils avoir le courage de s'y engager ?

Une tête pointa hors d'une fenêtre à l'étage : la mère Saintorsole, la femme du patron, affichait des yeux de surprise, une bouche de mépris et des sourcils tatoués. Un petit corps apparut sous le porche, craché par la porte d'entrée : Colin Saintorsole en personne. En quelques foulées martiales, il avala une moitié de l'allée brûlante et, le bras tendu en avant, il braqua son pistolet de poche vers la grille, vers la foule. On entendit le sifflement de la balle qui passa à un ou deux mètres au-dessus des têtes. L'essaim des assaillants redoubla d'agitation. Aujourd'hui encore, on ne sait pas si le patron fit exprès de viser haut ou si c'est à cause de la distance qu'il rata son tir – il avait toujours été mauvais tireur. Il est probable qu'il eût juste ressenti de l'ennui à l'idée de tuer quelqu'un, ça lui ressemble davantage, devant des témoins n'en parlons pas, et ces exaltés qui voulaient dieu seul sait quoi, non, il valait mieux éviter, absolument.

Le fait est que, après avoir baissé son arme, le patron se tint debout en plein soleil, les bras le long du corps, et fixa longuement ses yeux sur les êtres humains au seuil de sa propriété. Il les regardait bouger, et ils étaient imprévisibles, immaîtrisables. Ça se voyait. Ça bourdonnait. Un éclair de terreur traversa son regard. Qu'est-ce qu'ils pensaient faire, ces crétins, en débarquant chez lui ? Il paraît qu'il leur posa la question. Mais derrière la grille quelqu'un venait de trouver la balle qu'on avait tirée contre eux. Elle circula entre quatre ou cinq paires de mains jusqu'à ce qu'un jeune homme tout juste sorti de l'armée n'avançât l'hypothèse que c'était du même calibre – cela provenait, oui, fort probablement de la même arme – que celle qui avait perforé le crâne du fils du berger. La rage, les obscénités triplèrent. Aux hurlements contre le petit patron cuisant au soleil, s'ajoutèrent ceux des conjectures : était-ce bien cette balle qui avait perforé le crâne du fils à Vitelarìnze ? « Vous avez déjà oublié le diamètre du trou ? C'était bien plus large que ça. Mais ce n'était pas une mèche de perceuse ? Il paraît que les rebords du trou…

Qui dit ça ? Qui a dit ça ? C'est toi ? Mais d'où il sort celui-là ? On l'a sonné ? Hé, dis, on t'a sonné ? Je n'ai rien dit de si… tout à l'heure, j'allais au marché, j'ai vu qu'on transportait le corps de Samouèle, j'ai aidé et je ne sais pas qui m'a dit que c'était une perceuse et là je dis juste que les rebords… Hé, dis, du coup t'as pas encore fait tes courses ? Non, mais ça n'a rien à voir avec ce que je dis là. Mais si, mais si, je t'assure il faut vraiment que tu ailles faire tes courses, sinon qu'est-ce que tu vas manger aujourd'hui ? et demain ? et après-demain ? Mais… Oui, va au marché ! Oui, oui, c'est bien ça, file. Allez ! Au marché ! Au marché ! Il est encore temps d'y vendre tes salades ! Quel abruti. Une perceuse… ça devrait pas sortir de chez soi, des cons pareils. C'est bon ? ça y est, ça y est. On en était où ? Samouèle organisait une grève, vous étiez au courant, non ? eh bien d'après moi le patron a décidé d'agir à l'ancienne. Saintorsole ? Il n'aurait jamais eu le courage ! C'est vrai qu'il est lâche… Il a payé quelqu'un. Radin comme il est ? En tout cas d'habitude il est à l'usine à cette heure-là, pourquoi se barricader chez lui s'il n'a rien fait ? c'est qu'il savait qu'on le chercherait. Montrez-moi cette balle, on va la comparer à celle du crâne de Samouèle. Je vous le dis, je ne me trompe pas, le diamètre c'est le même. »

Le seul à ne pas participer à cette discussion imbibée du savoir noir, scientifique et approximatif que la littérature policière et les séries télévisées avaient répandu dans la ville depuis quelques décennies, le seul qui s'accrochait encore à la grille en gardant ses yeux dans les yeux de Colin Saintorsole, c'était Vitelarìnze. Il dit juste « Tu as tué mon fils ». Il le dit d'une voix limpide, que personne ne lui connaissait, une belle voix de comédien, dirent certains. Le silence que le coup de feu n'était pas parvenu à imposer se fit entendre à ce moment-là. « Tu as tué mon fils », encore une fois, avec cette voix jeune, directe. Une vague d'émotion déferla des plexus et vint mouiller les yeux de l'escorte de Vitelarìnze.

Le vent se leva, comme tous les après-midi, et avec les poussières transporta aussi ces sons cristallins. Ils heurtèrent une deuxième fois les tympans de Saintorsole qui, pris de court, ne put qu'appuyer sur la détente et vider le reste de son chargeur comme si le seul organe de son corps encore capable de bouger était son index droit. Le canon pointait vers le sol, les balles percutèrent le gravier à quelques centimètres de ses orteils. La peur de s'en ficher une dans le pied, d'être touché par ricochet, de pisser le sang, de finir estropié, l'excita à l'extrême : il banda comme ça ne lui était pas arrivé depuis des années, depuis sa jeunesse. Ce fut là une érection phénoménale, qui lui tendit les muscles jusque derrière la nuque et qui le transperça de frissons. Saintorsole restait le patron, fils tué ou pas, c'était clair ?, qu'ils se mettent bien ça dans la tête, ces imbéciles.

Quelqu'un prit Vitelarìnze par les épaules pour le raccompagner chez lui. Le vieil homme se laissa faire en regardant droit devant, un étrange sourire aux lèvres. Il brûlait plus qu'eux tous. Le groupe des détectives en herbe l'escorta, les autres se dispersèrent. Saintorsole restait là, debout, les bras ballants, son pistolet à la main, le corps encore irrigué de frissons. Sa femme dut l'appeler pendant une bonne demi-heure depuis sa fenêtre. Il ne rebroussa chemin qu'une fois son érection retombée.

Ce jour-là, personne ne remarqua que les barres de la grille portaient en creux l'empreinte fondue des doigts de Vitelarìnze.

Je m'étais endormi. Je ne sais pas comment. Je me souviens juste que j'étais dans une drôle de chaleur au moment où les bruits sont entrés dans les rêves que je faisais, des petits bruits tout proches qui ont fini par me réveiller. Une ombre qui prenait mille précautions a ouvert la porte et il y a eu un trapèze de lumière qui est venu toucher mon lit puis tout de suite mon visage. C'était maman. J'ai fait semblant de dormir, elle a refermé derrière elle mais elle a laissé quand même une petite bande de lumière, ça devait être parce qu'elle n'avait pas envie d'être dans le noir complet. Elle était venue nous regarder, nous embrasser, elle bordait notre sommeil, maman, papa disait souvent ça. Moi j'ai senti son baiser et comme toujours, j'ai été envahi par beaucoup de paix. Sous les baisers de maman j'ai toujours brûlé de paix. Ma sœur Nennelle dormait et moi j'entendais comment elle respirait, toute légère à la vitesse que lui permettaient ses petits poumons. Maman, elle, ne bougeait pas, elle était debout à côté du lit et elle restait là. Puis quelqu'un d'autre a poussé à nouveau la porte, le trapèze avec la lumière a envahi toute la chambre et moi j'ai senti une odeur et je me suis dit que c'était un homme. Il est entré dans la chambre et j'ai entendu que ma mère se retournait, alors j'ai ouvert les yeux et c'était bien un homme. Ma mère était toute tendue.

« Sisine, laisse-moi te dire deux mots. »

C'était Taloud, le cousin de mon père.

« Sortons.

— Non. Sisine, ici. Il y a du monde. Pardon. Je ne veux pas te brusquer, pas aujourd'hui. Il faut que je te parle. Écoute-moi avant de dire quoi que ce soit. S'il te plaît. Essaie de ne pas me juger, te parler de ça en de telles circonstances. Mais j'imagine que d'autres te parleront de la sorte dans les jours à venir et, tu me connais, tu sais combien j'aimais mon cousin, et je ne t'ai jamais caché mon amour pour toi, sa femme, sa veuve. Je m'y prends mal, tu dois m'excuser, les petits qui dorment… mais je préfère être maladroit qu'arriver trop tard, tu comprends. Je suis un homme simple, Sisine, moins intelligent que Samouèle, tu le sais. Oui, il n'y a pas de raison de se mentir, tu le sais, et moi aussi. Mais j'ai toujours eu de la volonté, et si je n'ai pas encore pris de femme, c'est qu'une partie de moi a toujours espéré te parler comme je le fais ce soir. Si. Ne m'en veux pas, s'il te plaît. Avec ton mari tu as été heureuse, tu es si belle, Sisine. Tu sais que tu vas continuer à être belle. Je ne veux pas que ça change, pour toi, c'est pour ça que je viens… Samouèle n'est plus là… je veux ton bonheur, Sisine, tu ne le sais pas encore mais moi je sais que je peux te rendre heureuse. On a toujours ri de moi en famille, en ville, je t'assure, parce que je disais qu'un jour je voudrais épouser une femme comme toi. Jamais je n'aurais imaginé que j'allais avoir l'occasion de t'épouser, toi, Sisine. Tu imagines ? Si tu en as envie, bien sûr. Ne me réponds pas aujourd'hui. Il ne faut pas. Pas là, avec les petits… avec Samouèle encore tout… Je veux juste te faire savoir que tu pourrais changer ma vie avec un simple mot. Je suis à toi, Sisine. Permets-moi d'être ta nouvelle famille. Depuis la mort de tes parents tu n'as personne, non, ne le prends pas mal, je dis juste ce que c'est, la réalité, ils n'avaient pas de famille ici, ils n'étaient même plus sûrs d'en avoir là d'où ils venaient, s'il y avait encore des survivants, alors toi, fatalement… c'est ton héritage, c'est tout ce que je dis… Mais ne parlons plus de ça, tu as raison, excuse-moi, Sisine, excuse-moi. Retournons veiller Samouèle. Juste, dans les prochains jours, sache que tu peux compter sur moi. Compte sur moi, d'accord ?

— Merci Taloud. Ton… offre est très généreuse. Mais je…

— Tu n'as pas à me répondre ce soir. »

Taloud est sorti presque en courant et il a laissé la porte ouverte. Ma mère n'a pas fini sa phrase, ça se voyait que les mots lui étaient restés quelque part entre la gorge, la poitrine et les lèvres et qu'elle ne savait pas quoi en faire. Au final elle les a transformés en un souffle – il ne faut surtout pas les ravaler, ce genre de mots –, et en soufflant elle est allée fermer la portc, cettc fois-ci pour de bon et là il n'y a plus eu de lumière.

Elle s'est allongée à côté de moi, au-dessus des draps, et j'ai senti que je ne pouvais pas bouger comme je voulais, mais au fond je n'en avais pas très envie, vu qu'elle était là. Ça m'a pris beaucoup de temps mais finalement j'ai pu entendre sa respiration, elle non plus ne bougeait pas. Puis j'ai basculé dans un autre monde, et si je m'en suis rendu compte c'est seulement parce qu'elle m'a ramené dans celui de la réalité en disant quelque chose à haute voix, comme quand elle se parlait à elle-même. « Il fait froid. » Je crois que c'était ça. Moi j'ai voulu répondre qu'elle avait raison mais dans le monde où j'étais parti les mots ne sortaient pas de ma bouche.

J'ai rouvert les yeux dans la maison de mes grands-parents. Ma mère et ma sœur n'étaient plus là. Il y avait moins de bruit, moins de monde que la nuit d'avant. Juste ma grand-mère avec deux vieilles dames que j'avais dû voir des milliers de fois. Et le cadavre de mon père. Il avait été déplacé, de la table de la cuisine on l'avait mis dans le salon, on l'avait changé, il portait d'autres habits, et les parfums que je sentais devaient venir de lui, parce qu'on parfume les gens dans ce type de situation, j'avais déjà vu faire, et en plus toutes ces odeurs n'arrivaient pas à cacher l'autre, celle qu'on sent tous dans ces circonstances et qu'on fait semblant de ne pas sentir et qui rappelle celle de la nourriture qu'on n'a pas envie de manger. Comme c'était l'été, ils avaient dû faire ça pendant la nuit. Hier il y avait encore une fleur rouge foncé sur la tempe droite de papa, j'avais essayé de la regarder de près, de plonger mon doigt dedans mais on m'avait empêché de faire ça, on avait tiré mon bras, et aujourd'hui c'était trop tard, plus de fleur, c'était comme si elle était redevenue un bourgeon et qu'elle me disait de rester loin avec sa couleur crème qui n'avait plus rien de rouge.

Les voix parlaient tout bas. Ses amies disaient à ma grand-mère que c'était normal que Sisine ne pleure pas, que c'était parce qu'elle était troublée.

« Chacun réagit à sa façon.

— Surtout elle, qui ne vient pas d'ici.

— Comment ça ?

— Souvenez-vous de Kenzilye, ça lui a pris trois mois avant de pleurer un bon coup.

— Hum. Et quel âge avait son mari ?

— Quatre-vingts ans.

— Voilà ce que je dis, Kenzilye qui ne pleure pas, c'est normal, c'est dans l'ordre des choses. Et en plus, ils ne pouvaient plus se blairer, tous les deux.

— Oh, la tronche qu'ils tiraient quand ils étaient dans la même pièce…

— La fois où le pauvre Kitane était tombé et ne bougeait plus et qu'en attendant le médecin elle répétait "Bon débarras, qu'il crève, qu'il crève, bon débarras". C'était à mourir de rire !

— Mon Samouèle, dans la fleur de l'âge, regardez comme il est beau.

— Marisabède, *sœura mæ*, pense aux petits. Ils ont de la chance de t'avoir comme grand-mère.

— Il faut que Sisine crache sa peine, sinon ça va assécher tout son amour, les enfants vont mourir si leur mère se met à les aimer d'un amour tout sec.

— Si sec, oui.

— Il faut qu'on l'aide, ça c'est sûr… Mais dites-moi, cette tendance à la froideur, elle l'a toujours eue, non ? Vous ne trouvez pas ?

— Il faut qu'elle chante avec nous aujourd'hui.

— Je suis d'accord, la pauvre, ça va lui faire ouvrir le robinet des émotions et tout va bien se passer.

— Elle n'a jamais aimé chanter.

— Ce n'est pas vrai.

— Mais qu'est-ce que tu as ?

— Autant pour moi, tu as raison, ce n'est pas vrai, je crois que ce sont nos chants qu'elle n'aime pas : toujours elle a dans la bouche des chants qu'elle tire d'on ne sait où…

— Elle est timide.

— Et moi je suis vierge.

— Non, toi t'es bête.

— Arrêtez un peu.

— Assez. Le petit est là.

— Elle est où maman ?

— Elle est passée chez vous, elle revient tout de suite, mon mignon.

— Je veux maman.

— Mon petit…

— Tu sais quoi, jeune homme, c'est moi, tata, qui vais t'accompagner chercher ta maman. »

C'était Resarye qui avait dit ça, elle était la mère de Taloud et la tante de mon père. Elle était pressée, elle s'est levée vite de sa chaise et elle a chancelé.

« Ce n'est rien, juste des vertiges, j'arrive. » Puis elle avait soupiré comme pour chasser son tournis, mais celui-là semblait vouloir rester encore un petit peu.

« Viens, on va se débarbouiller le visage, tu vas enfiler ton caleçon et on va chercher maman, tu as raison. »

Mais ça ne me disait rien. Moi je regardais juste mon père, il était plus tendu qu'hier.

« Je peux toucher papa ? »

Resarye m'a à peine regardé, elle a mis sa main sur le haut de mon dos et elle m'a poussé, elle était impatiente comme quand elle s'était levée, mais là elle n'avait pas de tournis et sa main était très forte. J'ai failli trébucher.

« Viens. »

Quand j'ai pu le toucher, papa était froid, plus froid que le carrelage sous mes pieds, et rien ne bougeait dans son corps. Pas un muscle. Je n'avais jamais vu ça. Même les rats, quand tu les touches ils réagissent, je ne sais pas, ils reçoivent tes doigts, même les pierres font ça, mais là rien. J'ai eu l'impression que du bout des doigts, le froid me montait dans le bras. Et j'allais dire à mon père d'arrêter, que ce n'était pas drôle, pas drôle du tout, même, mais je savais que ce n'était pas bien de faire ça, alors j'ai eu envie que ces vieilles dames s'en aillent tout de suite pour crier ça à papa, pour le secouer, le gifler, lui demander de jouer à un autre jeu, de ceux qu'on avait toujours faits ensemble, et pas à ça, que c'était vraiment nul, que lui c'était mon papa et pas un camarade débile qui devait m'embêter comme ça. Puis j'ai senti que Resarye me soulevait par les aisselles et j'ai compris que j'étais en train de hurler et de pleurer.

Maman est entrée à ce moment-là.

« Qu'est-ce qui se passe ? Viens ici mon petit.

— Il pleure.

— Je vois ça, viens ici, maman est là. Tu as déjà pris ton petit déjeuner mon Faïel ?

— Il vient de se réveiller. On partait te chercher, il a voulu toucher Samouèle.

— C'est difficile, mon petit Faïel, c'est difficile. Maman est là. Merci de vous en être occupée. »

Je me calmais, collé contre ma mère.

« C'est difficile, Sisine. Regarde ta belle-mère, elle se sent si seule sans son Samouèle. Comment vas-tu Sisine ? Il faudrait que tu pleures un peu, toi aussi.

— Vous êtes gentille de vous inquiéter pour moi.

— Non, c'est toi qui es gentille, Sisine. Taloud l'a toujours dit. Ah mon fils, il faut l'entendre lorsqu'il parle de toi. Il n'y a pas de femme plus gentille que Sisine. Les femmes d'ici devraient prendre exemple sur Sisine.

— Comment ça, d'ici ? »

J'ai commencé à en avoir marre d'être chez les grands-parents, je voulais qu'on rentre chez nous, que maman me dise de dire au revoir à tout le monde et qu'on marche vers la maison.

« Ta gentillesse, Taloud a toujours dit qu'elle dérivait du fait que tu venais d'ailleurs, et que même moi, sa maman, je devrais en prendre de la graine, de ça, de toi. Il est, comment on dit ?, oui, il est xénophile, mon Taloud. »

La scène de la nuit à peine passée m'est revenue. Je me suis mis à tirer le bras de maman vers la porte. Maman. Pourquoi on restait là ?

« Votre Taloud m'a toujours idéalisée, Resarye, il m'a toujours faite plus belle, plus intéressante, plus exotique que je ne le suis. Je suis née ici, il le sait, tout ce que j'ai connu c'est cette ville. Vous-même vous m'avez vue grandir. Vous n'allez pas le nier, tout de même. Taloud, comme beaucoup de nos hommes, aime oublier, le passé, les détails, tout, et se composer une jolie histoire dans la tête. Comme ça il n'y a pas de problèmes. N'est-ce pas, Resarye ? Vous qui savez tant de choses, vous devriez le lui rappeler. Par exemple, vous pourriez lui raconter l'époque où vous et mes parents étiez proches, je serais moi-même ravie de l'entendre, cette histoire, tiens. À l'époque vous demandiez à ma mère pourquoi elle ne me parlait pas dans sa langue. Ça vous revient ? Vous étiez contente de sa réponse. Je suis une fille du pays. Je le reste, Resarye, même si vous ne parliez plus à mes parents depuis longtemps, vous devriez peut-être raconter pourquoi à Taloud. N'est-ce pas ? Il comprendra, votre fils, il est tellement gentil.

— C'est toi qui es gentille, Sisine. Je te le dis. »

La porte s'est ouverte et cinq ou six personnes sont entrées, elles portaient des gros sacs, ça sentait vaguement les légumes et le boucher, et la dernière à entrer, poussant le landau de ma sœur, c'était Sara. Je me suis jeté sur elle tellement vite qu'elle a dû lâcher le landau pour pouvoir m'attraper.

« Faïel ! »

Sara est la meilleure amie de maman, je l'aime tellement que j'aimerais l'embrasser sur la bouche et passer ma journée contre sa poitrine.

« Qu'est-ce qui se passe ? a-t-elle demandé.

— Il paraît que ça me ferait du bien de pleurer, a dit ma mère.

— C'est ce que j'ai entendu aussi. On peut laisser Sisine tranquille, s'il vous plaît ?

— Taloud avait raison sur celle-là aussi, a dit Resarye.

— Pardon ?

— Rien, je pensais à haute voix. Ça n'a pas d'importance.

— Très bien, au moins sur ce point, nous sommes d'accord. Allez, tous dans la salle à manger. Allez ! Il faut que Sisine et le petit Faïel se mettent quelque chose sous la dent. Madame Marisabède, venez, vous aussi, vous devez manger un bout, appelez votre mari.

— Je ne sais pas où il est. »

Après l'incursion chez Saintorsole, Vitelarìnze ne perdit pas sa voix cristalline. Une sérénité nouvelle habitait tout son être. Son regard ressemblait à celui que les gens d'ici avaient pu observer sur le visage de moines russes qui avaient traversé la ville quelques mois auparavant et qu'on disait touchés par la grâce de Dieu. Une sorte de fièvre limpide. Vitelarìnze semblait d'ailleurs garder la chaleur accumulée devant la villa de Saintorsole : durant la journée, les gens qui l'approchèrent pendant plus de quelques minutes se retrouvèrent en sueur, ils quémandèrent de l'eau, l'invitèrent à en boire. Ce qu'il refusait systématiquement, souriant. Il se tenait debout comme un peuplier, il ne flancha pas. Même lorsqu'on extirpa la balle du crâne de son fils et qu'on put constater qu'en effet elle était du même calibre que celle tirée par Saintorsole. Il paraît qu'il se limita à dire « Saintorsole a tué mon fils », avec une sorte de franchise, comme il aurait pu répondre « Saintorsole est sorti vider sa poubelle » à quelqu'un qui venait de poser la question. Et en disant cela, le vieux berger hochait la tête, comme si ce constat recelait un rébus, une énigme plus grande que lui, que nous tous, et qu'il venait de la résoudre.

Cette attitude inquiétait ses camarades. Ils ne savaient pas comment s'y prendre. Ils en discutaient entre eux tout le temps. Les voyant désemparés, une âme charitable voulut les rassurer en leur disant qu'on n'était pas égaux face à la mort. Ce fut une réussite. C'était là le mot juste, le mot tant attendu : ils s'empressèrent de se le passer comme si c'était une toison de laine brute dont il fallait absolument reconnaître la très grande qualité, oui

oui, c'est bien ça, on n'est pas égaux devant la mort, vraiment pas. Ils devaient accueillir leur vieil ami comme il était. Ça passerait. Même si Vitelarìnze leur rendait la tâche difficile. Pendant la veillée au mort, et à chaque fois sans que personne ne s'en aperçoive, le vieux disparaissait. Ce qui plongeait Taloud dans un franc désespoir. Pourquoi son oncle faisait-il ça ? Voilà la question qui taraudait le jeune homme. Avec le patriarche de la famille dans un tel état, un nouveau malheur était à deux doigts de se produire. Il en avait la certitude. Ce n'était pas le moment.

En tant que seul autre homme en vie de la famille, il devait prendre la situation en main et il décida de faire surveiller l'oncle Vitelarìnze par un ami. Il n'eut pas beaucoup de chance. Pour sa dernière sortie de scène, vers une heure et demie du matin, le vieux berger ne s'était pas contenté de disparaître quelques dizaines de minutes, ni deux ou trois heures : il avait tout simplement découché. Quant au jeune surveillant, il était tout aussi introuvable que le vieux fuyard.

Maintenant il était bientôt onze heures du matin et personne ne savait où ils avaient bien pu aller, ces deux-là. Marisabède avait vu s'ajouter à son chagrin un sentiment d'inquiétude impuissante.

« Il va revenir madame Marisabède, venez, mangez quelque chose, faites-moi plaisir. Tu veux bien aider ta mamie, Faïel ? »

J'ai pris les mains de ma grand-mère. Au moment où elle s'est levée, une larme est tombée par terre. Ses os ont grincé, et personne n'a été surpris, ou peut-être qu'ils n'ont rien entendu. Ses genoux étaient raides et rouillés, comme les gonds des portes de la maison, et en plus ils devaient porter beaucoup de poids. Elle était très grosse, ma mamie. Ce jour-là, marcher était encore plus difficile que d'habitude pour elle, comme si la seule façon qu'elle avait d'avancer c'était de glisser par à-coups.

Elle s'est assise à table et elle m'a dit merci en passant sa main dans mes cheveux. Sara m'a dit de prendre place à côté de ma grand-mère et comme je ne bougeais pas, elle a dû insister, alors je lui ai fait promettre de s'asseoir près de moi, de l'autre côté, et elle a accepté en disant qu'elle en serait honorée, puis elle s'est mise à aider les autres pour poser les casseroles, les plats, les verres et les couverts là où hier soir encore se tenait le corps de mon papa. Personne n'a semblé le remarquer.

« Mange quelque chose, mon petit.

— Je n'ai pas faim. »

Vitelarìnze ne revint à la maison que sur les coups de seize heures. Il était seul. Lorsqu'on lui demanda où il avait passé sa nuit et sa journée, il répondit de sa voix limpide et de son front serein, presque en souriant, qu'il avait œuvré pour que la balance du monde soit à nouveau à l'équilibre. Entendre ces mots d'oracle sortir de sa bouche de berger ne fit, bien évidemment, que grandir l'inquiétude de ses proches. Le vieux était visiblement en train de déjanter. Mais ils s'obstinaient à croire, avec une certaine ferveur, que tout n'était pas perdu : il fallait qu'il passe du temps près du corps de son fils, qu'il dise sa douleur, il fallait surtout se débrouiller pour le faire sortir de cette espèce d'extase qui le rendait imperméable à toute émotion. Certains étaient persuadés aussi qu'il fallait soigner le corps pour soulager l'âme : ils devaient trouver le moyen de faire asseoir leur ami, de lui faire boire de l'eau, prendre un bain glacé – sa température devenait ridicule, on aurait dit un fer à repasser.

Marisabède, elle, avait envie de le gifler. Elle n'en avait rien à faire d'un saint calorifère, elle réclamait son mari. Nennelle et Faïel devaient pouvoir compter sur un grand-père maintenant que leur père était mort. Il devait être leur roc et pas cette espèce de nigaud illuminé. Elle fut catégorique : il ne devait plus bouger de la maison, l'âme de son fils avait besoin de sa présence pour pouvoir se détacher du corps mort, c'était à lui de porter le chant cet après-midi-là, elle ne voulait ni d'histoires ni de nouvelles surprises. Était-ce clair ? Vitelarìnze dit oui à tout, avec simplicité, et ne sembla pas prendre en compte l'emportement de la femme qui partageait son lit et son toit depuis bien plus d'un demi-siècle.

Il n'hésita pas un instant, le vieux Vitelarìnze, et tout brûlant et debout qu'il était, il commença à entonner un chant qui s'adressait à l'âme de son fils, un de ces chants du deuxième jour de veille qui, jusque-là et aussi loin que la communauté pouvait se souvenir, avaient toujours dégorgé les cœurs des vivants de la tristesse d'avoir perdu un être aimé. L'âme du mort, en entendant ces notes tristes, arrivait à quitter plus facilement sa dépouille et circulait plus librement dans la maison où elle était gardée.

Mais lorsque les premières notes résonnèrent sous les voûtes du salon, les personnes présentes se regardèrent à la recherche de secours. Elles étaient paniquées, outragées. Qu'est-ce qui se passait ? La mélodie était la même que toujours, celle d'une lamentation, et pourtant c'était un alléluia qui s'élevait de la gorge du vieil homme, ou alors un chant de guerre, les avis divergeaient là-dessus. Les voix récalcitrantes furent obligées de se joindre à celle de Vitelarìnze mais leur malaise fit chanceler l'harmonie du chant. La puissance, la beauté de la voix de ténor de Vitelarìnze n'en furent pas diminuées pour autant. Elle résonnait plusieurs mètres au-dessus de l'air de mortification qui circulait dans la pièce. Il faisait une chaleur insensée, à présent, là-dedans. Certains soupçonnèrent le vieux berger de se moquer du monde mais, vu les circonstances, ils n'osèrent rien faire, ils se résolurent à chanter, à s'éventer pour essayer de transpirer le moins possible.

Pour Faïel, ce fut une révolution. Il sentit un élan joueur envers ce nouvel homme qu'était son grand-père. Son cœur arrêta de le craindre et s'accrocha, reconnaissant, à son sourire, à la force renouvelée de ses muscles, à ses yeux qui perçaient plus loin que tous les yeux que l'enfant avait connus jusque-là.

Taloud, lui, ne toléra pas ce énième affront. Il partit à la recherche de l'ami qui avait surveillé son oncle et qui demeurait introuvable. Il l'aperçut enfin qui avançait avec difficulté sur la grande route. Le jeune homme était confus, il ne cessait de se masser le cou. Il dit qu'il s'était réveillé sur un des sentiers muletiers qui entourent la ville, qu'il n'avait pas souvenir de s'y être rendu sur ses deux jambes, qu'il était en train de suivre le grand-père qui errait sans dessein dans les ruelles de la vieille ville, c'était du moins son impression, et puis plus rien. Juste le corps endolori au contact des cailloux au moment du réveil et cet élancement au niveau des cervicales, mais ça ne voulait peut-être rien dire, c'était une zone sensible chez lui depuis déjà quelques années. Maintenant il avait besoin de se reposer, il était content de savoir que Vitelarìnze était revenu et s'excusait de ne pas avoir pu le suivre comme il le fallait, mais il ne pouvait pas savoir, il ne se souvenait vraiment pas, non, vraiment pas.

Taloud revint veiller le mort, plus agité qu'avant, son regard basculait sans cesse de Sisine à Vitelarìnze. Il avait l'œil farouche de celui qui essaie d'arracher des secrets à la réalité et qui en retour ne récolte que des données contradictoires, illisibles, inutilisables. Lorsque son regard croisait celui du petit Faïel – qui se tenait entre sa maman et son grand-père –, il s'efforçait d'arborer un sourire fraternel, mais le résultat était grotesque : il renvoyait à l'enfant la grimace figée d'un grand paranoïaque. Faïel ne pouvait pas s'empêcher d'observer Taloud qui transpirait, étouffait, malgré l'air qui à présent circulait dans la pièce : sa figure nerveuse détonnait au milieu des autres gens et débarrassait le petit de toute gêne. Il le regardait en retour, malin, comme si c'était un défi.

Marisabède, sans le savoir, vint interrompre l'étrange duel. Elle prit la main de son petit-fils et lui souffla à l'oreille qu'il était tard, qu'il fallait dormir. Elle monta à l'étage avec Faïel. Le petit, voyant que son départ soulageait Taloud, se sentit fort comme il n'avait jamais imaginé l'être. Il s'endormit près du lit de sa sœur Nennelle et rêva de partir en voyage avec le troupeau de Vitelarìnze, allongé sur le dos de plusieurs chèvres, et d'aller de village en patelin pour rendre l'eau à des puits que les villageois disaient taris depuis longtemps.

Sisine était furieuse.

Elle venait de perdre son mari, elle faisait de son mieux pour s'occuper de ses enfants, pour qu'ils puissent compter sur elle, même dans des jours si durs. Elle était surprise, malgré la douleur, de garder une certaine sérénité et elle était même contente de voir qu'elle était plus solide qu'elle ne l'aurait cru. Elle se félicitait de ce qu'elle avait construit pour elle-même au cours des années, avec son mari et ses enfants, avec son amie Sara, bien sûr, mais toute seule aussi : c'était cela qui lui permettait de ne pas être en miettes. Elle s'avouait, certes à voix basse, qu'elle ressentait une part d'ivresse à la pensée de pouvoir reconstruire sa vie avec des nouvelles cartes en main. Elle savait parfaitement qu'une veuve dans cette ville a les coudées plus franches que n'importe quelle femme mariée : elle n'aurait plus à se plier à ces compromis, à ces tâches dont la vie à deux nous encombre, même lorsque nous sommes avec le meilleur des partenaires. Ces sentiments étaient sans doute passagers, mais peu importe, le présent était fait de ça. Samouèle était mort depuis une semaine, on l'avait enterré depuis trois jours et elle sentait que, malgré tout, la vie continuait. Où était le problème ? Il n'y en avait pas.

Pourtant Sisine ressentait beaucoup de colère.

Certes elle ressentait de la colère contre les gens qui avaient tué Samouèle. Mais la question n'était pas là. Lorsqu'elle apprit que Colin Saintorsole avait disparu la nuit où Vitelarìnze avait découché, elle avait ressenti une satisfaction certaine, oui, mais elle n'avait pas décoléré. Saintorsole avait-il joué un rôle dans la mort de son mari ? Elle n'en savait rien et elle ne croyait pas un seul instant – contrairement à la rumeur portée par les collègues de Samouèle – que son beau-père eût fait quoi que ce soit au patron de l'usine.

Sisine en avait aussi après son mari, parce qu'il n'avait jamais arrêté de défendre les droits de ces gens, les collègues, les autres travailleurs, qui souvent montraient très peu de reconnaissance. Mais le gros de sa colère venait encore d'ailleurs, elle en était consciente.

Elle savait bien, au fond, que si sa bile chauffait à blanc c'était à cause de cette foule de gens bien-pensants qui, sous prétexte de vouloir l'aider à sortir sa douleur, voulaient la voir flancher, fléchir, se plier au malheur, se plier, en vrai, à eux. Si au moins elle avait affiché un désespoir plus éclatant ! Si elle avait ne serait-ce qu'une fois montré une tenue négligée, un air torturé ! Mais non, elle s'obstinait à garder une contenance. Il fallait voir comment cela avait endurci leur attitude, nourri leur méfiance, rembourré leur bêtise. Il était hors de question qu'elle s'en sorte comme ça.

En plus de devoir composer avec la perte de son mari, la détresse des enfants, Sisine avait ainsi dû, dès le premier jour, esquiver les piques envenimées, lutter contre les injonctions d'ennemis dont elle n'avait pas soupçonné l'existence jusque-là. L'insistance, la dose de plaisir qu'elle découvrait sur les visages lorsqu'ils vomissaient leurs conseils malveillants, lui avaient très vite fait monter le sang à la tête, elle avait de plus en plus de mal à réfréner son instinct de les frapper très fort au visage, au ventre, à l'entrejambe. Elle n'en avait pas honte. Elle avait été naïve et avait cru que la discrimination voilée dont avaient été victimes ses parents lorsqu'ils s'étaient installés dans la ville avait été résorbée par les années qu'ils avaient passées à en maîtriser la langue, par les services que son père, bricoleur, et sa mère, chiropraticienne, rendaient à tout le monde, par des liens d'amitié durables et sincères. Elle était née ici, avait grandi ici et avait tout fait, vivre, travailler, épouser Samouèle, en tant que femme d'ici, c'est ce qu'elle avait toujours ressenti. Même lorsque ses parents étaient morts, elle n'avait jamais eu à supporter ce qu'on lui renvoyait à la figure aujourd'hui. Des connaissances lointaines s'étaient mises à la tutoyer et à la regarder de haut, ils étaient tous comme des oiseaux de proie stupides, incapables de cacher la convoitise sous leur dégoût.

Elle avait commencé à se sentir seule, démunie face à ces attaques de rapaces en rafale, en piqué. De là venait sa rage. Renforcée par la faiblesse de Marisabède, sa belle-mère mollassonne qui ne savait pas se défendre, les défendre des rumeurs. Et qui continuait de s'accompagner de cette femme infecte, Resarye, tout en sachant ce qu'elle leur avait fait, à elle et ses parents. Comment une telle crapule arrivait à s'attirer l'amitié d'autant de braves gens, ça restait un mystère. Ça la mettait hors d'elle.

Cet après-midi-là, Sisine rentra à la maison, claqua la porte derrière elle et se défoula en frappant de toutes ses forces le matelas, les oreillers de son lit. Pendant que ses poings s'abattaient sur les rembourrages en plumes, elle sut que Samouèle habitait ses gestes, soutenait ses jambes et irriguait ses muscles. Elle se dit que c'était une bonne chose, de le sentir comme ça, de le sentir encore. Elle ne s'arrêta que lorsqu'elle se sentit capable de tuer la ville entière à mains nues. Puis quelqu'un toqua à la porte, elle ouvrit, encore essoufflée, et une vague de chaleur déferla sur sa personne. Devant elle, se tenait son beau-père Vitelarìnze couvert de sang. Dans les yeux du vieil homme brillait toujours cette lumière que Sisine, l'espace d'un instant, jugea suicidaire.

On était presque sortis de la ville, je voyais les derniers groupes de maisons juste derrière nous. Il y avait un peu plus d'air mais aussi beaucoup moins d'ombre et il faisait plus chaud que d'habitude. Sara marchait devant et moi j'avais du mal à aller si vite. Elle était pressée et elle devait avoir ses raisons, bien sûr, mais elle sentait tellement bon la transpiration que je m'arrêtais pour renifler son odeur et après je devais faire six ou huit pas beaucoup plus rapides que les autres si je voulais la rattraper.

En vrai, moi aussi je transpirais, j'avais des gouttelettes de sueur qui glissaient dans mes yeux et j'étais obligé de m'essuyer le front avec l'avant-bras, mais à chaque fois je le faisais trop tard, quand ça piquait déjà, et du coup ça ne servait plus à rien. Quand je rattrapais Sara, je me cognais toujours un peu contre sa hanche parce que j'avais couru trop vite et que je n'avais pas ralenti au bon moment. Parfois je devenais plus lent sans le vouloir juste parce que je me mettais à regarder nos deux ombres qui, elles, se touchaient sans besoin de se cogner, sans avoir besoin de s'excuser ni de faire quoi que ce soit, elles se promenaient sur la même route que nous et parfois aussi dans les champs juste à côté, derrière les murets. Quand c'était le cas, elles grimpaient sur les arbres très très vite et elles sautaient encore plus vite par terre, toujours la grande devant et la petite derrière. Nous on marchait et elles, on aurait dit qu'elles couraient sur les herbes qui étaient toutes brûlées et qui ne bougeaient pas du tout quand les ombres leur passaient dessus. On allait tous les deux chez elle, Sara et moi, c'était ce que je me disais parce que c'était le chemin, elle habitait juste là, à la sortie de la ville.

J'étais en train de construire un château avec des cagettes en bois avec Mængue et Tchan et j'étais là avec mes préoccupations de guerre, de stratégies de défense, de contournement de l'ennemi pour empêcher l'armée de Tchan de gagner encore une fois quand j'avais vu arriver Sara quelques blocs plus loin. J'étais en train de m'énerver contre Tchan parce que je m'étais quand même aperçu qu'il me volait des cagettes pour gagner en trichant. Elle m'avait dit juste « Viens, il faut qu'on y aille » avec un air sérieux que je ne lui connaissais pas et qui m'avait fait me dire que j'avais sacrément bien fait de me retenir de courir vers elle. Quand on avait été un peu loin de Mængue et Tchan, elle m'avait dit que ma mère nous attendait tous les deux, qu'il n'y avait rien à craindre. Moi je lui avais pris la main, parce que je sentais que ce n'était pas si vrai que ça et je l'avais suivie sans lâcher prise, jusqu'au moment où elles s'étaient mises à trop transpirer à cause de la chaleur, nos mains, et que c'était devenu un peu dégoûtant de les garder collées. Même si ça n'a pas duré longtemps, j'ai aimé, et c'est après ça que j'ai commencé à sentir l'odeur de ses aisselles et à devoir la rattraper.

Quand on a été proches de la maison de Sara, même si on était encore loin, j'ai reconnu ma mère et j'ai vu qu'elle bougeait le landau de ma sœur en avant et en arrière avec un seul bras et que devant elle il y avait un homme assez grand qui agitait ses mains comme ça, tout nerveux, comme s'il ne croyait pas ce que maman lui disait. Mes oreilles ont eu le temps de reconnaître la voix de Taloud même s'il a arrêté de parler très vite quand ma mère nous a montrés du menton, Sara et moi. En vrai Taloud a dit encore quelques mots, mais il a baissé tellement le ton de sa voix que je n'ai pas pu l'entendre, il a dû faire exprès, et une fois qu'il a vraiment fini de parler il a mis son chapeau et il est parti en prenant le chemin sur lequel on était. Quand on l'a croisé, il a touché son chapeau et a dit bonjour tout bas, mais il nous a pas regardés du tout et il avait l'air très agacé.

Ma mère avait des flammes dans les yeux, ça se voyait qu'elles étaient là déjà avant, quand Taloud avait agité ses mains en l'air. Là on aurait dit que c'étaient les flammes qui bougeaient le landau de Nennelle, pas le bras de maman. Je suis allé tout de suite voir si ma sœur dormait. Elle m'a regardé avec ses yeux de petite abeille trop drôle, alors j'ai approché mon index et elle l'a vite attrapé et s'est mise à bouger dans tous les sens, les mains, les bras, les jambes, la tête, peut-être sans même savoir qu'elle avait attrapé quelque chose. En tout cas elle avait de la force.

« Faïel, tu m'entends ou pas ? »

Je n'avais rien entendu, j'ai espéré que maman allait répéter et que ce n'était rien de grave.

« Alors, mon petit, tu ne veux pas monter dans la chambre du haut ?

— Je peux prendre Nennelle avec moi ?

— Mais non, elle est en train de s'endormir, tu vois bien. Je te disais que j'ai apporté tes jouets, mais je ne suis pas sûre de les avoir tous pris, tu veux bien me rendre un service et aller vérifier qu'ils sont tous là ? »

Je ne sais pas pourquoi j'ai dit oui mais d'un coup j'étais là en train de monter les marches et des tas de questions sont venues m'assaillir la tête. Qu'est-ce que c'était que cette histoire ? Ça voulait dire quoi, tous là ? Pourquoi déjà ils seraient là, mes jouets ? Et pourquoi il devrait en manquer une partie ? Si cette partie n'était pas là, ça voulait dire quoi, qu'elle les avait perdus ? Et pourquoi ma mère m'avait parlé comme ça, je ne l'avais jamais vue faire, avec ce sourire tout tendu de menteuse ? Elle avait donné mes jouets à quelqu'un d'autre et elle n'avait pas le courage de me le dire, voilà ce qui s'était passé. Elle m'avait trahi, c'était ça, ça ne pouvait être que ça. Et plus je montais l'escalier de chez Sara, plus je sentais que j'avais mal au ventre et que la seule solution pour me sortir de là c'était de me mettre à compter vraiment mes jouets un par un comme avait dit maman. Mais moi je n'allais jamais me souvenir de tous mes jouets comme ça, loin de tout, loin de ma chambre, j'allais en oublier plein, c'était sûr, et sans m'en rendre compte en plus, et j'allais en oublier aussi un ou deux de mes préférés, et ceux-là rien au monde ne pourrait les remplacer. J'ai eu comme un vide qui me prenait dans le ventre, je ne sentais plus mes jambes du tout alors je ne sais pas comment je suis arrivé jusqu'en haut.

Dans la chambre il y avait trois gros sacs. L'un était plein de vêtements, un autre était plein de couches, de tétines, de biberons et de je ne sais pas quoi d'autre pour Nennelle, et dans le dernier, le plus petit, il y avait mes jouets mais pas du tout tous mes jouets, même pas la moitié, je l'ai vu tout de suite. Alors je les ai sortis un par un et je les ai posés sur le tapis, en rang, pour pouvoir les voir tous ensemble et je me suis dit que je devais faire une liste, et qu'elle devait être précise, pour voir tous ceux qui manquaient, mais j'ai su tout de suite que ça ne servirait à rien, parce que c'était sûr que je ne les reverrais jamais. C'était n'importe quoi, c'était tellement injuste de me faire ça à moi qui suis toujours gentil que je me suis mis à pleurer même si je ne devais pas. Je le savais que je ne devais pas. Sara et maman sont entrées à ce moment-là et maman a regardé les jouets posés par terre et elle s'est baissée pour venir à côté de moi.

« Mon petit, nous allons devoir partir. »

Elle s'en fichait, elle.

« Il n'y a pas du tout tous mes jouets.

— Oh, tu as raison, suis-je bête, les autres sont dans un sac que

Sara nous apportera là où nous allons. Viens ici, tu vas les récupérer, ne t'inquiète pas. »

Je ne la croyais pas, mais alors pas du tout, mais j'ai quand même fait comme si, parce que de toute façon ça ne servait à rien et qu'au moins là elle était en train de me prendre dans ses bras.

« Sara ne vient pas avec nous ?

— Elle nous rejoint.

— Où est-ce qu'on va ?

— C'est une surprise.

— Et Nennelle ?

— Quoi Nennelle ?

— Elle vient avec nous ?

— Bien sûr qu'elle vient avec nous. »

Ma mère avait commencé à ramasser les jouets.

« Tu m'aides à les remettre dans le sac ? »

Nous avons entendu le bruit d'une voiture en bas.

« Voilà mon petit, notre chauffeur est là. C'est un ami de tante Sara, tu verras, il a une énorme moustache. »

Nous sommes descendus et nous nous sommes mis à charger la voiture, ma mère tremblait et avait du mal à faire entrer le couffin de ma sœur sur le siège arrière. Le chauffeur essayait de sourire sous sa moustache mais il avait les yeux tristes et c'était comme si ça le gênait d'être là. Il a aidé ma mère et il lui a parlé avec un drôle d'accent. Il n'y avait presque plus de soleil alors on a vu qu'il y avait des lumières un peu loin. Tout le monde s'est mis à faire plus vite après ça, et finalement avec Sara les au revoir ont été bizarres, un peu nuls. Elle était toute pressée, pas gentille comme d'habitude. Nous sommes partis dans l'autre direction par rapport aux lumières, même si pour faire ça on a été obligés de traverser un champ cultivé avec notre voiture.

J'ai demandé à ma mère d'ouvrir le sac des jouets pour être sûr qu'on les avait pris avec nous et ils étaient là. J'ai voulu les garder sur mes genoux et personne ne m'a empêché de le faire, puis ma sœur a commencé à pleurer et alors ma mère lui a donné le sein en lui parlant tout bas, en chantonnant et en se retournant de temps en temps pour regarder la vitre arrière. Le monsieur était silencieux, il regardait la route, et il était si lent quand il respirait que j'avais le temps de voir sa poitrine qui se soulevait de beaucoup. Il avait un corps tout sec, c'était drôle combien il était sec, ça m'a donné envie d'appuyer sur sa pomme d'Adam, mais j'avais peur de sa réaction, et puis on m'avait dit de ne jamais embêter les gens qui conduisent. Ensuite, ça a été la nuit et je sentais comme si derrière ma nuque c'était ultra lourd, ma mère m'a caressé pile à cet endroit, comme si elle savait, et elle m'a dit que j'avais l'air fatigué. Je lui ai dit non avec la tête et j'ai serré plus fort le sac que j'avais mis sur mes genoux. Je devais faire attention, c'étaient mes derniers jouets, ils pouvaient tomber, n'importe qui pouvait les voler. Sara ne m'apporterait jamais les autres, elles s'étaient moquées de moi, toutes les deux, je le savais. Je me suis allongé juste un instant pour poser la tête sur les cuisses de ma mère, j'ai fermé les yeux et j'ai eu l'impression de respirer au même rythme que le chauffeur et sa moustache. Mais mes poumons étaient tout petits à côté des siens.

Taloud ne comprenait pas Sisine. Ça l'agaçait franchement. Il en venait presque à douter de son amour pour elle depuis qu'il la voyait sans Samouèle, depuis qu'elle était veuve.

Ne pas forcer les choses avait été sa devise, il avait essayé de s'y tenir mais il s'y était pris de façon maladroite. Ça arrive à tout le monde. Sa future femme ne pouvait tout de même pas devenir le chat noir de la ville. Il voulait la protéger de la médisance des autres, mais aussi de son entêtement à elle : ça la desservait. Il voulait lui faire comprendre l'intérêt d'une certaine forme de compromis, essentielle d'après lui, pour apaiser les esprits de tout le monde. L'y inviter. Mais voilà qu'il avait l'impression d'être face à un mur. Non seulement Sisine se montrait insensible à son amour mais elle semblait être aussi insensible au danger. Elle ne voyait simplement pas la haine qui grandissait autour d'elle en ville depuis la mort de son mari. Elle était incapable de partager son chagrin avec la communauté, soit. Il n'en restait pas moins qu'elle pouvait faire semblant, juste un petit peu. Qu'est-ce que ça pouvait lui coûter ? Vraiment pas grand-chose. Mais rien. Elle était têtue. Il avait aimé ça en d'autres occasions, mais là, eh bien, ce n'était pas responsable, voilà.

Les choses s'étaient précipitées lorsque Saintorsole avait fait son retour en ville tout amaigri, les yeux en berne et emplis de peur, quelques semaines après sa disparition. Les quelques âmes qui avaient voulu s'enquérir de son absence, de son état de santé, s'étaient retrouvées face à une grande sournoiserie : il affirmait avec fierté qu'il était parti en déplacement pour le travail. Après quoi, il étudiait leur réaction. C'était troublant à voir, ses habits étaient devenus trop larges, et dans leurs béances, quelqu'un affirma avoir aperçu des bleus, des cloques et des brûlures, des écorchures profondes, au bord de l'infection. Un autre rébus. Du grotesque à l'état pur. Sans compter que son retour coïncida avec la disparition définitive du vieux Vitelarìnze. Des mauvaises langues affirmèrent l'avoir aperçu pour la dernière fois dans la rue qui menait à la maison de Sisine, le regard fou de rage.

Par ces jeux d'imagination crapuleuse qui poussent à faire des connexions fait-diversières entre tous les événements résistant à leur compréhension, petit à petit les braves gens de notre communauté trouvèrent une réponse satisfaisante à cet enchaînement de faits. Sisine, la fourbe, devait s'allonger depuis longtemps sur l'une des couches que le vieux Saintorsole gardait dans les villages alentour pour ses escapades. Elle avait flairé que le rupin, jaloux notoire, aurait été bien plus généreux si elle se débarrassait de son mari, qui en plus l'emmerdait avec ses revendications salariales. Elle avait donc organisé l'assassinat de Samouèle avec son amant, et Vitelarìnze, on ne sait pas comment, avait tout découvert, avait enlevé le tueur et l'avait torturé – rappelez-vous les bleus, les cloques et les écorchures – espérant en obtenir des aveux. Saintorsole avait réussi à se libérer pile au moment où cette brute illuminée de Vitelarìnze se rendait chez Sisine pour lui régler son compte, juste avant donc que le vieil homme ne soit tué comme son fils. Pour que les deux tourtereaux puissent continuer à roucouler tranquilles, le cadavre, cette fois-ci, avait été enfoui. Les gens mettraient la disparition du vieux sur le compte de ses récents accès de bizarrerie.

Taloud, tout amoureux qu'il était, n'était pas bête. Il trouvait ces rumeurs infamantes et s'était disputé à plusieurs reprises avec sa mère Resarye en l'entendant les répéter. Il la soupçonnait même d'en être à l'origine. « Ne joue pas le chevalier, elle peut très bien se défendre toute seule, cette catin. » Voilà ce qu'il ne comprenait pas. Comment Sisine pouvait laisser les gens se déchaîner ainsi contre elle, sans rien faire, en continuant à les saluer, à discuter de choses et d'autres, en sachant qu'ils déchargeaient ce tas d'ordures sur son nom ? Il allait la raisonner : si elle ne voulait pas verser de larmes, elle allait au moins se montrer plus conciliante, chanter avec les autres, tiens, elle consentirait à ça, il en était sûr.

Lorsque les rumeurs autour de la disparition de Vitelarìnze avaient gagné une bonne partie de la ville, Taloud voulut la prévenir, lui exposer sa théorie : les gens, par leur médisance, condamnaient sa solitude. Elle était dépareillée, n'avait plus de famille : aux yeux de sa belle-mère Marisabède, elle n'existerait plus si ce n'était par les deux enfants que Samouèle lui avait laissés. Taloud jugeait bon qu'elle se montrât en public avec lui, même si finalement elle décidait de ne pas l'épouser. Au moins, les autres verraient qu'elle restait dans la famille de son mari, qu'on ne pouvait pas s'en prendre à elle sans avoir affaire à lui. Il lui offrait sa protection, c'est tout, et en échange de rien, qui plus est. Voilà ce qu'il voulait lui dire. Il l'avait cherchée partout et à chaque fois qu'une silhouette s'avérait appartenir à une autre femme, une brique venait s'ajouter au monument de son désespoir.

Il avait fini par aller chez Sara, espérant qu'elle puisse lui dire où trouver Sisine. Il était tombé sur Sisine elle-même, et sur sa fille. Elle avait refusé son aide avec calme et fermeté. Ça l'avait mis hors de lui. Pour la première fois, Taloud s'était emporté contre elle. Il avait peur : elle voulait jouer avec le feu et il savait que ça pouvait aller très loin. Il lui dit qu'il perdait patience, que dans ces conditions – son calme à elle n'était que mépris, avait-il dit – il ne pouvait pas faire grand-chose pour elle et qu'elle devrait se débrouiller toute seule, que son amie Sara ne suffirait pas à la protéger. Qu'à partir de ce moment-là, il ne bougerait pas le petit doigt sans qu'elle lui demande. Qu'elle était bête et téméraire et qu'elle ne pensait ni à elle, ni à ses enfants et que le fait que Samouèle était mort n'était pas une raison pour devenir suicidaire, pour laisser la mort s'insinuer partout.

Il n'avait pas fini que, les deux yeux enflammés de rage, Sisine lui intima de se taire et lui montra du menton Sara et le petit Faïel qui approchaient. Il s'en alla sans dire au revoir. Il retint ses larmes lorsqu'il toucha son chapeau pour saluer les deux qui s'en venaient sur le chemin. Il n'explosa que lorsqu'il fut assez loin pour ne pas être entendu. Il pleura, le visage congestionné, frappé par un sentiment d'injustice atavique : il ne voulait que le bien de cette femme, sa seule faute c'était de l'aimer. Il vit, au loin, des lumières s'approcher. Un groupe de plusieurs dizaines de personnes de la ville arrivait vers lui. Il n'avait pas envie qu'ils le voient dans cet état. Il sortit de la route et s'enfonça dans un champ, se cacha derrière un olivier. Il se dit qu'en étant entre chien et loup il passerait inaperçu. Lorsque le groupe se fit plus proche, il fut surpris par le silence : le seul son qui se faisait entendre était celui des pas. Ces gens avançaient sans se parler. C'était inouï, dans cette ville où on ouvrait sa bouche même quand on était seul aux chiottes. Il reconnut sous la lumière des torches des armes rudimentaires : un tuyau de plomberie, des couteaux de cuisine, quelques bâtons. Taloud s'effraya. Il voulut courir pour prévenir Sisine, mais quelque chose le retint : il avait peur pour sa propre vie. Il se dit que ces gens lui feraient payer cher ses larmes.

Lorsqu'il réussit à bouger enfin le premier muscle, des flammes s'élevaient déjà, hautes, de la maison de Sara. Il commença à courir, soulagé et honteux, en direction de la ville.

Lorsqu'on s'est arrêtés de rouler, il faisait jour à nouveau. J'ai senti que dans la voiture entrait un air frais qui n'avait pas de sens à cette saison. Le moustachu était dehors, il avait la tête en bas et il essayait de se toucher les doigts des pieds en laissant sortir des sons de sa bouche, comme le braiment d'un âne, et je ne comprenais pas s'il avait mal ou s'il se calmait de quelque chose, c'était bizarre à regarder en tout cas. La tête de ma mère apparaissait puis disparaissait de la voiture, c'est qu'elle faisait des allers-retours pour décharger nos affaires. Nennelle me regardait dans son couffin, elle bougeait la tête à droite et à gauche, elle regardait tout autour, ouvrait la bouche, donnait des coups avec ses petits pieds, elle me faisait rire. Je lui ai touché le ventre et elle m'a souri avec ses grands yeux verts et là sa voix tout aiguë s'est entremêlée aux bruits bizarres de notre chauffeur. C'était un drôle de duo, ma foi. Ma mère nous a regardés comme si elle ne pouvait vraiment pas s'occuper de nous à ce moment-là, qu'on était gentils tous les deux avec nos blagues, mais qu'elle avait d'autres chats à fouetter, tout de suite. Le moustachu s'est remis debout sans arrêter de bougonner et après il a crié des mots auxquels je n'ai rien compris.

Nous étions garés devant une maison et au bout de quelques secondes j'ai vu sortir une dame qui avait beaucoup d'énergie et aussi une bosse dans le dos, elle était petite, la bosse, mais elle était là, elle lui faisait monter les épaules tout près de ses oreilles, je suis sûr que je n'étais pas le seul à la remarquer. Lorsqu'ils ont vu ma mère et puis moi, ses yeux ont arrêté de bouger, comme s'ils s'étaient congelés d'un coup, c'était la surprise, ça l'avait frappée comme ça, mais ses jambes avaient quand même continué à marcher comme si de rien n'était. Elle me rappelait mes soldats à ressort, ceux qui marchent, marchent et marchent toujours tout droit devant eux parce que ce n'est pas comme s'ils avaient le choix. Le moustachu a continué à parler à cette femme et moi je continuais à rien comprendre à ce qu'il disait, même si je remarquais bien que sa voix avait changé par rapport à la veille. Il avait comme quelque chose qui bougeait dans la gorge, quelque chose que les gens n'ont pas d'habitude, on aurait dit la voix d'un autre, et ça lui donnait un air drôlement sympathique auquel moi je ne m'attendais pas. La femme disait oui avec la tête et faisait courir ses yeux tout écarquillés sur nous, et c'était comme si elle se retenait de sourire, comme si on l'amusait, nous, à être là tous les trois.

J'ai voulu sortir de la voiture et j'ai senti de nouveau l'air frais, il m'a entouré la tête d'abord et puis le reste du corps. J'ai senti que ça rentrait dans mes poumons et ça m'a surpris plus que sur la peau parce que c'est comme si ça les gonflait plus que d'habitude, mais après je n'ai pas trop eu le temps de réfléchir à ça parce qu'en fait ça allait avec l'endroit où on était, l'air frais, et moi je n'avais jamais vu ça, les montagnes. Elles étaient tout autour de nous, il y avait du brouillard qui les éloignait un peu, mais aussi beaucoup de sommets, ça faisait comme une forêt, c'était grandiose. Je me suis retourné et j'ai vu que derrière moi ça montait et ça montait et j'ai compris que nous aussi on était sur une montagne, pas vraiment au-dessus mais quelque part au milieu, et ça m'étonnait que ce soit plat comme ça, qu'on puisse garer la voiture et construire une maison juste là. C'était la première fois que j'étais si haut.

Nous sommes entrés dans la maison derrière la femme bossue et le moustachu et ils nous parlaient toujours avec des mots que je ne comprenais pas mais je n'avais pas envie de demander à ma mère ce qu'ils disaient, pas devant eux, en tout cas. Elle hochait la tête. Elle regardait autour d'elle mais pas comme quand elle était agitée, non, elle était plutôt tranquille, et moi ça m'a tranquillisé de la voir comme ça. Ma sœur, elle, a commencé à pleurer à l'instant même où nous nous sommes assis dans la cuisine, tous les quatre autour d'une table immense, ça se voyait qu'elle était solide, et moi je sentais que ma chemise devenait toute collante sur la peau, mais c'était parce qu'il y avait une casserole sur le feu qui faisait beaucoup de vapeur et donc c'était très humide partout. Ma mère a donné le sein à Nennelle. La femme bossue l'a regardée faire comme si elle était devant un tour de magicienne, elle a écarquillé encore plus ses yeux. Elle était drôle, mais je ne voulais pas rire, ça ne se fait pas. Puis comme si elle venait de se rappeler quelque chose, elle m'a regardé, elle a levé les yeux au ciel, elle s'est frappé le front, elle a secoué la tête et elle s'est mise à rire toute seule en partant de la pièce comme si elle se faisait tout un dialogue avec elle-même à l'intérieur et que d'un coup elle se faisait des reproches, pas très graves mais quand même. Elle était vraiment marrante.

Quand elle est revenue elle tenait quatre œufs tout sales dans les mains. Elle en a posé trois sur la table et avec le quatrième elle s'est approchée de moi et elle m'a parlé encore plus bizarrement. Et pendant qu'elle me parlait, il fallait être là pour voir ça, c'était contagieux parce que du coup la moustache du moustachu s'est recourbée vers le haut et les lèvres de ma mère aussi. Ce n'était pas une langue, ça. Je vous jure, elle se moquait de moi. Ça ne se faisait pas. J'ai commencé à me vexer mais elle continuait à répéter son machin sans jamais arrêter de rire, c'étaient des sons qui étaient tous pareils, on aurait dit mes copains lorsqu'ils faisaient semblant d'être des soldats étrangers et qu'ils faisaient semblant de parler russe, ou turc, ou américain, ils improvisaient n'importe comment. Mais là, je n'arrivais pas à savoir si c'était une blague ou qu'elle était juste devenue folle, la bossue !

« Ḷiouoḷiohouoï ? No, ḷiohouoïneḷiouo ! Mâsôlekaḷiouoḷiohouoï… »

Puis elle a frotté l'œuf contre sa robe et elle me l'a tendu :

« Tè ! »

J'ai regardé ma mère.

« La dame t'offre un œuf. Tu n'as pas faim ? »

Moi je n'osais pas répondre. La dame m'a fait signe d'attendre avec sa main, puis elle a mis l'œuf devant sa tête, a fermé tous les doigts de l'autre main sauf le dernier, l'auriculaire, et là elle a troué le haut de la coquille avec son ongle et elle m'a tendu l'œuf à nouveau.

J'ai regardé ma mère.

« Elle te demande si tu veux cet œuf. Sers-toi. »

Là je me suis décidé à tendre le bras, vraiment, j'allais le faire, mais après la bossue a parlé encore dans sa langue étrange, elle m'a fait signe d'attendre et s'est mise à faire des gestes exagérés, soi-disant elle me montrait comment je devais faire. Elle a approché les lèvres du trou dans la coquille comme si c'était le truc le plus fragile du monde et là elle a renversé la tête en arrière d'un coup, avec l'œuf qui était toujours collé contre sa bouche. C'était n'importe quoi. Puis elle a fait des sons d'aspiration, comme quand papi mangeait sa soupe chaude, mais en pire encore et moi j'ai eu encore envie de rire mais je me suis retenu et je lui ai dit d'arrêter. Mais ça n'a servi à rien, c'est même elle qui a ri à ma place en se frottant le ventre avec ses mains qui faisaient des grands cercles. Elle voulait dire que c'était bon, ça je l'ai compris. Alors j'ai tendu ma main pour de vrai cette fois-ci et la dame m'a donné un œuf troué comme le premier. J'ai fait tout comme elle. Même les bruits de papi. C'était délicieux mais je ne m'attendais pas à cette sensation dans la bouche, c'était comme quand tu renifles un peu trop fort et que tu te retrouves avec ta morve sur la langue, je n'étais vraiment pas sûr d'en reprendre. Mais la question ne s'est pas posée parce que tout le monde s'est servi et il n'en restait plus.

Les jours, les semaines après notre arrivée, c'était un peu le défilé dans la maison du moustachu et de la bossue.

Les gens venaient leur rendre visite mais en vrai c'était une excuse pour voir à quoi on ressemblait, maman, Nennelle et moi. Je me souviens d'un homme qui tenait un béret dans ses mains et qui était un peu gêné de nous regarder mais qui ne pouvait pas s'en empêcher et du coup quand il le faisait, il se mettait à tordre son béret si fort que ses mains devenaient toutes blanches et un peu rouges. Mais je suis un peu mauvaise langue, parce que la plupart du temps ils nous apportaient quelques conserves pour nous souhaiter la bienvenue, et ils souriaient tous.

À un moment donné je me suis rendu compte que ma mère comprenait leur langue, la langue de la montagne je veux dire, qu'elle la parlait aussi un peu mais pas comme la nôtre, avec beaucoup d'hésitations. Je n'avais jamais vu maman ne pas savoir bien faire quelque chose, je crois que ça la gênait quand même un peu devant nous. Et j'ai peut-être compris ce que c'était, son problème, c'est comme si la langue qu'on parlait entre nous, celle d'où on venait, essayait de s'accrocher, de s'incruster, à tout ce qui sortait de sa bouche, je reconnaissais certains mots, certains sons, même si elle essayait de les cacher. Le moustachu – il s'appelait Ouittorye – la corrigeait, la reprenait, se mettait à faire son traducteur. C'est quand je l'ai entendu traduire notre langue dans sa langue pendant toutes les visites des voisins que je me suis aperçu que ma mère ressemblait drôlement plus à ces gens-là qu'aux gens de notre ville. C'était tellement évident que je me suis demandé comment je n'avais pas pu voir ça avant, et je me suis demandé aussi si ma mère, elle, s'en rendait compte ou pas. Et en vrai elle s'en rendait compte, c'est ce qu'elle m'a dit quand je lui ai posé la question. Mes grands-parents que je n'ai pas connus venaient d'ici. Sara, sans le savoir, nous avait mis dans la voiture d'un arrière-cousin, d'après ce que j'ai compris ça veut dire le cousin d'un cousin ou une histoire dans le genre. Maman m'a dit aussi qu'au fond ce n'était pas étonnant parce que ses parents lui avaient déjà dit que dans ces montagnes, si on fouille un peu, on finit toujours par trouver qu'on vient de la même famille. Même après la guerre c'était resté comme ça. Il y avait eu une guerre ici et c'est pour ça que mes grands-parents que je n'ai pas connus sont allés habiter dans la ville où je suis né et où maman aussi était née.

Bref, je ne sais pas trop comment le temps passait mais il passait vite, en vrai, et à partir d'un certain jour, Ouittorye et Djesuppine – c'était ça le nom de la bossue – ont commencé à se plaindre un peu, à dire que l'année s'annonçait dure, qu'il fallait redoubler d'efforts pour éviter d'avoir à se serrer la ceinture. Je ne sais pas ce que ça voulait dire mais j'ai compris que c'était pas bien et dès le lendemain j'ai essayé de serrer ma ceinture le moins possible. Mon pantalon tombait tout le temps mais je me suis dit qu'il valait mieux le tenir avec mes mains et le remonter quand je pouvais que donner un chagrin aux gens qui nous accueillaient. Ça leur tenait à cœur, c'était évident. « Qu'est-ce que c'est que cette manie de tenir ton pantalon comme ça, Faïel ? » ça faisait un peu rire maman, ça l'inquiétait aussi, mais moi j'ai fait semblant de ne pas comprendre de quoi elle parlait. En tout cas, ma mère n'a pas touché son assiette au repas suivant et elle m'a demandé si je voulais bien aller aider Ouittorye dans les vignes le lendemain, elle trouvait que je m'ennuyais sans les autres enfants et que j'avais besoin d'un peu de mouvement. Et d'ailleurs ça permettrait à Djesuppine de ne pas sortir et de broder les nappes et les draps. Maman resterait à la maison avec Nennelle pour l'aider, elle savait faire. J'ai dit oui tout de suite, je crois que c'était vrai que je commençais à m'ennuyer.

J'ai essayé de regarder Ouittorye dans les yeux tellement j'étais content mais en réponse il a fait un petit rire étrange, tout gêné. Djesuppine, elle, regardait par terre.

C'est comme ça que j'ai commencé à accompagner Ouittorye aux champs. Il fallait se réveiller lorsqu'il faisait encore nuit et marcher longtemps avant d'arriver aux vignes. On devait économiser l'essence, on gardait la voiture pour la période de la récolte, c'est ce que m'a dit Ouittorye en me faisant un clin d'œil. Une fois sur place, il m'a expliqué comment je devais faire, tout en me disant que c'était facile et que je devais avoir ça dans mes veines, moi, car cette technique venait de ma région, et qu'il était le seul à la pratiquer par ici, sur cette montagne en tout cas. Je devais m'approcher des grappes presque mûres et retirer tous les grains trop petits par rapport aux autres. Ça avait l'air facile.

« Tu vois, ça permet aux autres grains de mieux se développer. Ils deviennent à la fois plus grands et plus sucrés. Tu verras. Et puis, il ne faut pas oublier que c'est plus beau à regarder, une grappe comme ça. C'est du raisin de table, tu sais ce que c'est ?

— Non.

— Ce n'est pas du raisin avec lequel on fait du vin. C'est du raisin qui est cultivé pour être mangé. Pour être sur la table des gens. Alors l'aspect des grappes, ça compte, tu vois, tu dois les regarder et avoir envie de les manger. Les gens d'ici, de la montagne, me taquinent, gentiment mais ils me taquinent, ils disent que c'est une lubie. Mais après, dans les marchés, moi j'arrive toujours à écouler ma récolte. Et ça, m'a-t-il dit, c'est grâce au travail qu'on va faire tous les deux pendant ces jours. »

Il m'a dit que je pouvais m'occuper des grappes les plus basses, pour lesquelles il aurait dû se plier, et il m'a donné une sorte de tabouret. « Tu peux grimper dessus au besoin. » Après nous nous sommes mis au travail. De temps en temps, Ouittorye s'approchait de la grappe sur laquelle je travaillais et me montrait qu'il y avait aussi des grains malades – par exemple ceux avec plusieurs lignes blanches dessus – et il me disait qu'il fallait retirer ceux-là aussi, « avec leur pédoncule ». C'était amusant, au fond, ça me plaisait.

Au bout de je ne sais pas combien de temps, c'était comme si je dormais même si je continuais à faire ce que je faisais : je ne m'étais jamais réveillé si tôt depuis qu'on était là, peut-être depuis toujours, en fait. Je m'étais levé alors qu'il faisait encore nuit et quand le jour est arrivé, on était déjà bien avancés sur la route, Ouittorye et moi. Les oiseaux se réveillaient maintenant, tard par rapport à nous, et on entendait même les insectes qui faisaient leur bourdonnement de plus en plus fort. C'était comme s'ils étaient là pour me laisser rêver tranquille. C'était chouette, bizarre mais chouette. De temps en temps, j'entendais le bruit des pas de Ouittorye, le frottement de son pantalon, et c'est ça qui me rappelait où j'étais et ce que j'étais en train de faire, que je le faisais pour de vrai, je veux dire.

Mes mains bougeaient toutes seules. « Du haut de la grappe jusqu'en bas. Comme lorsqu'on embrasse son amoureuse, n'est-ce pas ? » m'a dit Ouittorye. Il souriait, moi aussi j'ai souri. Endormi comme j'étais, je me suis dit que ce n'était pas possible, la rangée sur laquelle j'étais se rallongeait à chaque fois, je finissais un pied, un autre pied, et elle se rallongeait, je ne comprenais pas. À un moment donné, j'ai senti que j'avais la langue toute collante, comme si je n'avais plus de salive, et je me suis rendu compte que j'avais chaud et aussi des grosses gouttes de transpiration sur tout le corps. Je ne sentais même plus les mouches posées sur moi. J'ai levé la tête et j'ai vu que le soleil était haut, les insectes faisaient un boucan qui me donnait mal à la tête, je n'entendais qu'eux. J'ai cherché Ouittorye et je ne l'ai pas vu. J'étais sûr qu'il était là, juste devant moi, quelques minutes plus tôt. Quand est-ce qu'il avait disparu ? J'ai continué à tourner sur moi-même, j'essayais de ne pas perdre le contour des choses autour de moi mais même si j'essayais très fort mon regard devenait de plus en plus flou. J'ai voulu crier mais la salive me manquait toujours et puis il y avait quelque chose qui me freinait dans la poitrine, juste là. Au lieu de crier alors j'ai commencé à marcher et je me suis rendu compte que les bras me faisaient mal, que la terre aimantait mes jambes qui ne bougeaient presque plus, enfin, seulement si je faisais beaucoup d'efforts. Je suis arrivé au bout de la rangée et devant moi il y avait beaucoup d'air vide. Le morceau de terre sur lequel j'avais les pieds était à peu près la seule chose horizontale que je voyais, pour le reste c'était vraiment le royaume des choses verticales. Je me suis imaginé sauter et voler, là, tout de suite, je serais fort et heureux en flottant dans l'air et je regarderais tous ces pics trop beaux droit dans les yeux, et alors tous les animaux qui seraient là viendraient me voir voler, et ils trouveraient ça magnifique, impressionnant même.

« Tu es là ! Je te cherchais. Tiens, le soleil commence à taper, on va se mettre sous ce cormier. On a bien mérité notre déjeuner. »

Il m'a passé sa gourde et une casquette mouillée d'eau. Il m'a tendu un sandwich aux œufs brouillés. Mon pouce et mon index, à certains endroits, étaient d'un noir un peu rouge.

« C'est le cuivre, m'a dit Ouittorye. Ça protège le raisin des insectes. Lave-toi les mains. »

La saleté n'est partie qu'à moitié en vrai. C'était comme si la couleur s'était glissée sous ma peau. Ouittorye m'a dit que ce n'était rien, que je pouvais manger mon sandwich sans m'inquiéter, puis il s'est mis à regarder la vallée devant nous. Du coup moi je pouvais le regarder un peu plus, même si c'était un peu de biais et pas pour très longtemps parce que je voulais montrer que moi aussi je regardais la vallée. Il y avait des miettes qui s'accrochaient à sa moustache et qui se tenaient comme en équilibre à chaque fois qu'il mâchait son sandwich. Elles finissaient toujours par tomber, et quand ça arrivait, moi je trouvais que c'était dommage. Puis il a baissé la casquette sur ses yeux et il m'a dit qu'il fallait se reposer, qu'on reprendrait le travail quand le soleil taperait moins. Je l'ai écouté, il devait savoir ce qu'il disait, c'était son métier, alors je me suis allongé à côté de lui, mais un peu à l'écart, pour pouvoir continuer à le regarder tranquille. Son coude avait un millier de plis, mais même avec ses plis il était six mille fois moins intéressant que son visage. Malheureusement il l'avait caché sous sa casquette. J'ai dû me contenter encore une fois de sa pomme d'Adam, qui bougeait de temps en temps, mais c'était pas pareil.

À la fin de la journée, Ouittorye m'a dit que j'apprenais vite et que, plus grand, je ferais un bon vigneron. Il l'a même répété devant ma mère et Djesuppine, moi j'en étais tout content. Je leur ai étalé ma nouvelle victoire : j'avais appris à dire *ououa*, dans la langue d'ici ça voulait dire raisin. Djesuppine m'a répondu avec une phrase qui les a tous fait rire. Je n'ai rien compris, mais je me suis dit qu'ils ne riaient pas de moi, il n'y avait pas de raison, du coup j'ai ri moi aussi. J'ai voulu voir ce qu'elles avaient fait pendant la journée et ma mère m'a montré des paires de chaussettes en laine. Les nappes et les draps, ce sera pour un autre jour. Le dîner a été plus copieux que les autres soirs mais ma mère a à peine touché son assiette. Elle n'avait presque pas bougé de la journée, elle n'avait pas très faim.

On a dû trouver une nourrice qui pouvait donner le lait à Nennelle. Ma mère n'en avait plus dans ses seins. On est tous allés voir Terési, une fille du village voisin qui a dit presque tout de suite qu'elle pouvait s'en occuper sans problème. Terési a pris Nennelle à deux mains et ma mère a souri, moi je regardais ma sœur qui se retrouvait dans les bras d'une inconnue. Elle tétait à pleine bouche et je me demandais si elle sentait la différence de goût et d'odeur par rapport à ma mère, si elle sentait que la chaleur de la peau qui l'entourait n'était pas la même. Je crois que ma mère ce soir-là a senti un gros soulagement, je dis ça juste parce qu'elle est venue me faire des câlins comme elle ne m'en avait pas encore fait depuis qu'on était partis. Je me suis mis à pleurer et je ne sais pas si c'était parce que j'étais triste ou parce que j'étais content, c'était confus, tout ça, mais je crois qu'au fond c'était les deux en même temps. Mon père me manquait, Sara me manquait, Tchan, Mængue et mes grands-parents me manquaient, notre maison me manquait et j'étais si heureux de retrouver le corps de ma mère. Elle s'est elle aussi mise à rire et à pleurer avec moi. « Tu es mon petit bonhomme d'amour, Faïel, ne l'oublie jamais. » Elle me l'a répété tant de fois que j'ai fini par la croire. Ce soir-là elle m'a permis de m'asseoir sur ses genoux pendant le dîner et elle a mangé avec nous, je veux dire qu'elle a porté les haricots verts et le pain à sa bouche plusieurs fois. Les yeux de Ouittorye et de Djesuppine se sont remplis d'étincelles, les miens aussi je crois, ils ont voulu ouvrir une bouteille de vin, ils ont trinqué et m'ont fait tremper les lèvres mais c'était trop acide pour moi. « Ne fais pas cette tête Faïel, ça aussi c'est fait avec de l'*ououa* ! » Lorsque je me suis réveillé le lendemain, j'étais encore dans les bras de ma mère, je n'en revenais pas.

Les semaines et les mois ont passé. J'ai appris plein de choses. J'ai appris à mettre des bâches par-dessus les vignes pour donner une couleur homogène aux grains et pour que la pluie ou la grêle ne fassent pas pourrir les fruits, j'ai appris que Ouittorye savait reconnaître les herbes sauvages et il m'a même montré comment les cueillir et les faire sécher. Aubépine, valériane et millepertuis. « Je vais en avoir besoin cet hiver, tu verras, on en fera des tisanes. » J'ai appris à comprendre de mieux en mieux la langue de la montagne et sans m'en rendre compte, dans ma bouche, les nouveaux mots ont commencé à remplacer ceux d'avant.

À l'arrivée du mois de septembre on a décidé que j'attendrais encore un an avant de m'inscrire à l'école. Ouittorye avait besoin d'un coup de main et cela me permettrait d'arriver en classe en m'exprimant comme il faut. Je ne sais pas si c'était à cause de ça, mais à partir d'un certain moment maman a commencé à s'adresser à moi dans la langue d'ici, elle en avait retrouvé l'usage, c'est joli comme expression, c'est Djesuppine qui avait sorti ça une fois.

Puis un jour on m'a dit que Ouittorye devait partir en tournée pour vendre les chaussettes en laine, les draps et les nappes que nous et d'autres voisins on avait brodés, et par la même occasion j'ai appris que c'était pour ça qu'il était dans notre ville la fois où il nous avait pris dans sa voiture. Il serait absent une quinzaine de jours. Je me suis mis dans une de ces colères, ce jour-là ! Je n'avais aucune envie de rester là-bas sans Ouittorye. Il n'en était pas question. J'ai demandé à partir avec lui et on m'a répondu que ce n'était pas pour les enfants. J'ai le souvenir d'avoir hurlé tout le temps pendant deux jours, parce qu'il restait justement deux jours avant son départ : j'espérais qu'il décide de ne pas partir ou de m'emmener avec lui. Ça n'a servi à rien. Un matin je me suis levé et il n'était plus là. Je me suis dit que voilà, c'était foutu, je ne le reverrais plus jamais debout, il nous reviendrait allongé, avec une balle dans la tête.

La période où Ouittorye n'était pas là, je suis resté presque tout le temps à la maison. J'ai cru que j'allais m'ennuyer pire qu'avant mais en fait ça n'aurait pas vraiment été possible parce qu'il y avait tout un tas de choses qui avaient changé depuis la fois où j'avais commencé à aller dans les vignes. Maman et Djesuppine étaient devenues des vraies copines, d'abord parce qu'elles se parlaient beaucoup plus et puis, et c'était quelque chose à voir, parce que maintenant elles avaient une façon bien à elles de bouger quand elles étaient toutes les deux dans le même espace. On aurait dit deux danseuses. Mais pas parce qu'elles devenaient plus gracieuses, ou parce qu'elles faisaient des gestes qu'on ne voit pas dans la vie de tous les jours, non, c'était autre chose. Ça venait de leur corps, il y avait comme des fils invisibles qui les liaient, et ça faisait qu'à chaque mouvement de maman il y avait toujours, en réponse, un mouvement de Djesuppine, et bien sûr ça marchait dans l'autre sens aussi. Par exemple, maman se levait et elle laissait une place vide et qui tout de suite était traversée par un courant d'air, et le courant d'air c'était Djesuppine, qui passait par là pour chercher je ne sais pas quelle affaire. Autre exemple, Djesuppine n'avait pas encore commencé à bâiller – son nez s'était relevé un tout petit peu pour chercher de l'air frais – et maman tenait déjà la poignée de la fenêtre qu'elle avait eu envie d'ouvrir, comme ça, d'un coup. Ça pouvait être encore plus invisible : une mèche de cheveux qui retombait sur le front de Djesuppine faisait magiquement soulever le genou de maman et lui faisait croiser les jambes. C'était incroyable à voir parce que même si c'étaient deux personnes séparées on aurait dit que pas vraiment.

Il m'est arrivé de les confondre, toutes les deux. Il y a eu deux ou trois fois où j'ai cru que je courais m'abriter auprès de maman et finalement je me retrouvais agrippé à la jupe de Djesuppine. J'ai même entendu que je disais maman alors qu'en face de moi il y avait Djesuppine, et dans ces cas-là je sentais que mes joues devenaient toutes rouges tellement c'était la honte de faire ça.

Après, elles n'étaient pas toujours seules : Terési, la nourrice, venait les interrompre tous les jours. Elle était la plus jeune, et après avoir allaité Nennelle, elle sortait sa laine et ses aiguilles et se mettait à tricoter des chaussettes avec les deux autres. C'était facile de savoir si Terési était là : les pièces de toute la maison d'un coup étaient bruyantes à cause de sa voix qui ne me semblait ni vraiment grave ni vraiment aiguë. Elle y mettait de la passion, m'avait expliqué maman, c'était normal, elle rapportait les nouvelles des villages tout autour – et oui, m'avait encore dit maman, c'était un plaisir pour elle de s'arrêter sur les détails dramatiques de tel accident de travail ou de telle crise de ménage, petite mère, nous vivons dans un monde si cruel parfois.

Maman et Djesuppine n'intervenaient que de temps en temps, c'était comme si les mots de Terési étaient un fleuve qui passait par là et qu'elles s'amusaient juste à lancer des petits cailloux dedans, mais elles ne le faisaient pas tant pour la faire continuer (elle n'en avait vraiment pas besoin) mais pour donner leur avis et regarder ce que ça faisait, si elle continuait comme si de rien n'était, comme un fleuve, justement, ou si elle réagissait d'une façon ou d'une autre. « Un caillou ça devrait faire au moins des petits cercles, Faïel, faire éloigner les poissons, s'il est assez gros, n'est-ce pas ? » souriait maman. C'était de la taquinerie de leur part, gentille, mais quand même de la taquinerie.

Il lui arrivait aussi d'être à court d'anecdotes, Terési, ou d'humeur plus sereine, alors elle se mettait à chantonner des chansons religieuses. J'adorais l'entendre. Une fois qu'elle était lancée, Djesuppine faisait comme elle, d'abord avec la bouche fermée, et puis plus haut, pas à gorge déployée, ce n'était pas son genre, mais bien fort quand même. Quand ça arrivait, ses épaules raides se mettaient à bouger un peu, et ses yeux écarquillés pétillaient, ils s'amusaient. Maman ne connaissait pas les chansons d'ici et préférait écouter leur belle voix, c'est ce qu'elle disait quand Terési essayait de la faire chanter avec elles.

Un après-midi, maman est venue me réveiller de ma sieste en me disant que Djesuppine voulait me montrer quelque chose. J'ai mis le nez dehors, sous le porche, et même si j'avais encore la tête en pagaille, j'ai tout de suite entendu les bruits de ferraille qui m'ont fait tourner la tête vers la cabane à outils : j'ai vu Djesuppine qui sortait de là toute recourbée et qui tenait dans ses mains une grande brosse et une espèce d'arrosoir bizarre bien rouillé avec un filet de fumée blanche qui montait vers le ciel. Ça sentait le pin brûlé. Elle est venue sous le porche, avec son air espiègle que j'aimais bien et elle m'a fait signe de la suivre, puis elle s'est approchée d'un grand bahut qui était juste là, à côté de nous, près de la porte. Elle a fouillé dedans pendant quelques secondes et elle a attrapé un vêtement blanc bien bizarre lui aussi qui était beaucoup trop large pour n'importe qui et même pour son gabarit. Une partie de moi était encore endormie et j'ai accepté tous ces nouveaux objets comme s'ils étaient la chose la plus normale au monde. Mais en vrai, j'étais quand même impressionné.

Je crois que Djesuppine s'en rendait compte, j'ai pensé que si elle avait son air espiègle, c'était bien à cause de ça. Elle m'a dit qu'il fallait que je l'aide un peu. Je devais lui tenir l'habit blanc, comme ça elle pouvait se glisser dedans. C'était une combinaison, elle m'a dit, moi je trouvais que ça ressemblait, en moins serré, à ce qu'on faisait porter à Nennelle pour qu'elle gigote tranquille dans son lit. Même si là, j'avais l'impression que c'était tout le contraire pour Djesuppine, c'était comme si elle se faisait engloutir par le vêtement et ça la rendait toute pataude. Elle m'a demandé si j'allais être gentil et mettre sur sa tête un machin qu'elle avait laissé traîner par terre et qui s'est déplié dès que je l'ai pris entre mes mains : c'était une sorte de capuchon avec une toile métallique sur le devant qui a fait disparaître aussi son visage. J'avais du mal à croire qu'elle était toujours là, même si elle me parlait. Ce n'était pas que je me méfiais mais, avec ce machin sur la tête qu'on aurait dit une armure de tête de chevalier de campagne, sa voix m'arrivait d'une drôle de façon, comme si elle était très proche, juste là, et cachée à la fois. Et alors j'ai senti qu'en moi montait comme une vague d'amour pour Djesuppine, je l'imaginais sous cette toile rêche et pour la première fois je me suis rendu compte qu'elle était forte et même belle. Je n'osais rien faire en vrai mais je ressentais l'envie de me glisser dans la combinaison avec elle pour qu'on rigole un peu tous les deux.

Je n'ai pas entendu qu'elle m'appelait :

« Faïel, tu vas bien ?

— Oui.

— Tu es mignon. Il faut que tu m'aides encore un peu. Passe-moi les gants, s'il te plaît, oui, puis prends ces élastiques et mets-les autour de mes poignets et de mes chevilles. »

Je me suis exécuté tout de suite. Maintenant plus rien ni personne ne pouvait se glisser sous le tissu. C'était devenu hermétique.

« Et à quoi ça sert, ça ? »

Je lui ai indiqué l'arrosoir bizarre qui sentait le pin brûlé.

« Ne t'approche pas. Les gardiennes sont de patrouille. »

Je l'ai trouvée si courageuse ! Défier des gardiennes ! Ça avait l'air sérieux. J'ai imaginé qu'elle partait pour une de ces guerres que j'inventais avec mes copains. J'étais sidéré. Je l'ai regardée et je me suis dit que si elle le voulait bien, moi je voulais bien être son petit soldat, lutter pour elle, sous ses commandements, pour venir à bout des gardiennes qui étaient de patrouille. J'étais persuadé qu'ensemble on aurait gagné contre n'importe qui si elle était habillée comme ça.

Puis elle s'est approchée d'une sorte de maisonnette toute petite, vraiment miniature, elle a enlevé le toit et elle a fait sortir plusieurs fois de suite la fumée toute blanche de son arrosoir. Et là plein d'abeilles se sont mises à tourner autour d'elle. Mais vraiment plein d'abeilles. Djesuppine soulevait des petites planches recouvertes d'un blanc un peu sale, elle tapait dessus, un coup sec comme ça, avec la paume, et puis elle passait la brosse. J'étais impressionné, parce que même avec toutes ces abeilles, elle faisait des gestes tranquilles, je veux dire qu'elle prenait son temps pour être précise, et elle y mettait de la force aussi, au point que j'ai eu la sensation que le bourdonnement sortait de son corps et pas de tous les insectes qui tournaient autour. Elle a répété les gestes, une, trois, huit, je ne sais pas combien de fois mais ça aurait pu durer la vie entière. Je me suis vu à ses côtés, habillé comme elle, et je me suis vu imiter ses mouvements et me mettre à rire, tellement je me sentais protégé avec toutes ces protections, la combinaison, les gants, l'armure de tête de chevalier et tout le reste.

« Djesuppine est trop forte, maman ! »

Ma mère souriait.

Ce soir-là, l'apicultrice – on m'a appris qu'on disait comme ça, le mot m'a plu tout de suite – m'a dit que je pouvais goûter le miel, « Mais ce n'est pas celui qu'on a récolté aujourd'hui. Pour celui-là, il faut attendre un peu, mon petit Faïel ». C'était la première fois pour moi. Je crois qu'elle ne le savait pas.

Les jours d'après, je ne sais pas ce qui m'a pris mais il y avait une seule chose au monde qui m'intéressait vraiment et c'était monter la garde pour voir à quel moment Djesuppine sortait de la maison. Je me suis rendu compte que j'avais passé tout mon temps avec Ouittorye depuis qu'on était là et que je ne savais rien d'elle. Je voulais tout savoir.

Elle sortait beaucoup plus souvent que ce que je croyais. Ça, j'avais pu très bien le voir. Mais pour faire quoi ? Elle rendait visite aux voisins, elle troquait des œufs, des fruits, des légumes contre du lait et des fromages. Elle causait devant leur porte et parfois elle courbait les épaules et entrait chez les gens. Elle pouvait y rester juste quelques minutes ou une bonne heure et j'ai compris qu'elle buvait une tisane ou de la liqueur de noix dans ces cas-là, elle aimait beaucoup ça. Elle se cachait, c'était insupportable et alors moi je m'accroupissais ou je grimpais sur une gouttière, je me débrouillais toujours, même si ça dépendait de la maison où elle venait d'entrer, de comment elle était faite, je veux dire, et je restais comme ça le temps que ça durait, à entendre ce qu'elle disait, ce qu'on lui répondait, ou le contraire, bref, à les écouter parler. Mais en vrai c'était encore pire pour moi parce que même si avec mes oreilles je captais les sons, la plupart du temps je ne savais pas quoi faire avec ça, ça allait trop vite, j'arrivais tout juste à entendre deux ou trois mots, et ils étaient tous sans intérêt. « Pluie », « bêtes », « demain », que des choses comme ça. Ça m'énervait à mort contre tout le monde, contre moi aussi, le fait de ne pas comprendre juste parce que je n'avais pas appris leur langue avant, juste parce que je n'avais pas eu le temps. Après, peu importe ce qui s'était passé, je rentrais toujours à la maison avant elle, pour pas qu'elle se mette à penser que je l'espionnais ou je ne sais quoi. Mon cœur battait très fort à chaque fois. Je devais vraiment trouver une solution, je revenais toujours tellement bredouille, c'était ridicule.

Mais il faut pas croire, c'était pas facile. Et c'était encore pire quand ma mère décidait de l'accompagner – et ça arrivait souvent –, parce que je savais que je m'en sortirais bien si c'était seulement Djesuppine qui ne devait pas se rendre compte que j'étais là, mais ma mère, elle, j'étais convaincu qu'elle serait capable de me repérer à tout moment et de toutes les façons possibles dans un rayon de je ne sais pas combien de kilomètres : elle n'aurait qu'à renifler l'air, et elle me repérerait, comme ça, naturellement, par n'importe quel signe, la forme d'un rocher, le vol des oiseaux ou la crotte des ânesses, peu importe le mal que je me serais donné pour me cacher. Deux fois, j'ai dû faire semblant de revenir de je ne sais plus quelle course tordue pour expliquer pourquoi j'étais sur un sentier, dans une basse-cour. C'était vraiment trop risqué. Alors j'ai dû me résigner à suivre Djesuppine uniquement quand elle sortait seule. C'était ça ou rien, de toute façon, voilà ce que je me suis dit.

Au fond de moi je savais que j'espérais une surprise, c'est juste qu'elle n'est pas venue de là où je croyais, elle n'est pas venue des sorties de Djesuppine, elle est arrivée un jour où je ne m'attendais pas à grand-chose, un jour où le programme c'était de rester tous les trois chez nous, maman, Djesuppine et moi, sauf que Djuañi, le mari de Terési, était tombé malade ce jour-là, il avait la fièvre, assez haute, en plus. La nourrice a envoyé un garçon pour prévenir maman qu'elle ne pourrait pas venir et que si on voulait que Nennelle boive son lait, il fallait la lui apporter. Maman a décidé de repartir tout de suite avec le messager et elle a annoncé qu'elle allait sans doute rester là-bas jusqu'au soir, qu'elle aiderait Terési à s'occuper des enfants et du mari malade. Elle me prendrait avec elle pour que Djesuppine n'ait pas à s'inquiéter de moi. Moi j'étais dehors et en entendant ça j'ai couru pour me cacher. Maman m'a appelé pendant cinq, dix minutes, puis, comme le garçon messager lui lançait des regards gênés, elle s'est décidée à partir.

« Djesuppì, si tu le vois, tu lui expliqueras.

— Ne t'en fais pas. »

De mon côté, je m'étais blotti derrière un rocher et j'ai décidé que j'allais rester comme ça. Djesuppine est sortie et m'a appelé elle aussi deux ou trois fois. Moi je la regardais. Je ne savais même pas trop pourquoi. Le soleil commençait à monter dans le ciel, c'était l'automne mais j'ai compris tout de suite que l'air de la montagne allait être incendié par la chaleur. Je surveillais la maison et je voyais Djesuppine qui passait d'une pièce à l'autre, alors je m'imaginais à côté d'elle, à l'intérieur. Puis elle a ouvert toutes les fenêtres, elle a attaché ses cheveux et a jeté un coup d'œil dehors. À ce moment-là, j'ai senti que quelque chose touchait mon bras, c'était une coccinelle qui était venue se poser dessus. La petite bête me chatouillait avec ses pattes et me donnait envie de rire, mais ce n'était vraiment pas le moment alors je l'ai chassée très loin avec une pichenette.

Djesuppine avait disparu de la fenêtre, je ne la voyais nulle part, ça a duré longtemps. Mais après elle est réapparue sous le porche avec la bassine du linge à étendre qui était grande et bleu clair. Elle la serrait contre sa hanche et c'est comme ça qu'elle s'est mise à avancer, elle aussi sous le soleil comme moi, mais recourbée et décidée, elle. Elle allait vers la chênaie. Dès que je l'ai vue s'enfoncer dans les arbres, j'ai quitté ma cachette et je me suis mis à la suivre. C'était pas facile parce que le sol faisait tout un tas de petits bruits : les branches, les pierres, les feuilles, surtout les feuilles sèches parce que j'étais obligé de les écraser avec mes pieds. J'avais beau les traiter de tous les noms dans ma tête, ça ne les empêchait pas de faire du bruit. Mais, cela dit, Djesuppine ne se retournait pas, je la voyais toujours là, devant moi, elle avançait et elle se fichait du reste, comme si elle n'entendait rien.

Elle est sortie de la chênaie et de son ombre et elle s'est retrouvée avec sa bosse toute exposée au plein soleil de la clairière où elle marchait maintenant. Je n'entendais rien et je suis même certain qu'elle ne disait rien avec sa bouche, Djesuppine, mais j'avais quand même l'impression qu'avec son corps elle s'adressait au soleil, comme si elle lui jetait un sort. Quelque chose du genre : « Tu es puissant mais j'avance quand même, tu es puissant mais tu n'es pas dangereux comme en été, c'est l'automne déjà, tu ne m'écraseras pas. » Mon problème c'était que la clairière n'avait pas un seul buisson où je pouvais me cacher, seulement un puits et une sorte de grand abreuvoir en pierre au milieu de nulle part. Je ne pouvais rien faire, elle avait trouvé le moyen pour que j'arrête de la suivre, pour se débarrasser de moi. Elle allait traverser la clairière et prendre des chemins que je ne connaissais pas et que je n'allais pas connaître ce jour-là.

Je me suis arrêté au bout de la chênaie, je voulais quand même la regarder s'éloigner, mais Djesuppine n'est pas partie de l'autre côté, elle a posé la bassine près du puits, elle a attaché le seau à la chaîne et elle l'a fait descendre, je l'ai vue, elle tendait l'oreille vers le fond du trou. C'est ça qui m'a fait comprendre qu'elle était seule, je veux dire que je n'existais pas pour elle, que je n'étais pas là, qu'elle ne savait pas. Elle a remonté le seau et a commencé à remplir sa bassine bleu clair. Au bout d'un moment, elle l'a soulevée et ça se voyait que c'était lourd, il suffisait de regarder comment elle marchait pour aller vider l'eau dans l'abreuvoir. Puis elle est revenue au puits et elle a recommencé. Elle a fait ça au moins dix fois et après avoir vidé la dernière bassine, elle s'est assise dans l'herbe, toujours au soleil. Elle faisait ça pour un troupeau ? Elle et Ouittorye n'en avaient pas alors ça devait être celui de quelque voisin, elle rendait service, voilà ce que je me suis dit.

De temps en temps, elle se levait et plongeait une main dans l'abreuvoir, la gardait quelques secondes dans l'eau, puis elle revenait s'asseoir et regardait les fils d'herbes, ses mains, un peu autour d'elle. Moi, c'est elle que je regardais, c'est tout ce que je faisais. Après, je ne me rappelle pas à quel moment précis, elle a enlevé d'abord sa chemise et puis tous ses vêtements un par un, et alors j'ai vu les poils de ses aisselles, ses petits seins, ses tétons, et très rapidement, parce qu'elle a enlevé sa culotte en dernier, une tache noire très sombre et entremêlée entre ses jambes. Qu'est-ce que c'était ? Pourquoi personne ne m'avait jamais parlé de ça ? J'ai été pris d'assaut par une odeur intense, ça venait de Djesuppine, j'en étais sûr, même si je savais que ce n'était pas possible à cette distance. J'ai eu envie de boire, ça faisait plusieurs heures que je n'avais rien mis dans ma bouche et la chaleur commençait à me faire tourner la tête. L'ombre des arbres ne me protégeait pas assez. J'ai senti une goutte de transpiration qui a coulé de mon cou tout droit jusqu'à mon nombril mais je n'arrivais pas à bouger, à me détacher de Djesuppine toute nue, c'était comme si sa peau m'aimantait. J'ai avalé toute ma salive. Une autre goutte de transpiration est descendue sur mon ventre.

Puis d'un coup, je n'ai plus vu ni Djesuppine, ni ses aisselles, ni sa tache noire, elle avait enjambé l'abreuvoir, elle s'était glissée dedans. Là, je n'ai pas vraiment réfléchi, je me suis juste mis à grimper sur le chêne à côté de moi, je devais la voir, je ne pouvais pas la perdre comme ça. De là-haut, j'ai pu voir que l'abreuvoir était assez grand en fait. Le corps de Djesuppine rentrait même tout allongé et j'ai vu qu'il tremblait, mais en vrai c'était juste la surface de l'eau qui n'arrêtait pas de bouger. La tache noire était toujours là. Djesuppine restait immobile, ou presque, je me suis dit que c'était comme si elle buvait le soleil, là-dedans.

Il y a eu un bruit à côté de moi et je suis presque tombé de l'arbre. Ça venait d'un grand garçon avec le torse nu qui se tenait sur une branche de mon chêne et qui me parlait en chuchotant et moi je ne comprenais aucun mot, ce n'était même pas la langue d'ici. Il avait l'air de s'amuser, le garçon, il riait presque en indiquant l'abreuvoir et Djesuppine avec son menton. Avec ses mains il faisait de grands gestes comme s'il ne craignait pas du tout de tomber, lui. Puis il a attrapé sa braguette comme pour me la montrer, il l'a secouée en la serrant bien fort, et il s'est mis à rire encore plus fort. À ce moment-là, Djesuppine s'est assise dans l'abreuvoir et elle a regardé vers la chênaie où on était et ça a fait un reflet de soleil dans l'eau qui m'a frappé aux yeux et qui m'a fait trébucher. Là, j'ai senti que j'étais aspiré par le vide mais le garçon m'a attrapé au vol et il m'a jeté contre le tronc de l'arbre avec beaucoup de violence, ça m'a fait mal mais j'étais content de sentir que mes fesses étaient assises sur une grosse branche. J'ai senti que l'odeur de Djesuppine était encore plus forte mais c'était comme si ça venait du garçon, et lui, il n'avait pas arrêté de rire pendant tout ce temps, il se moquait de moi. Jusqu'au moment où il m'a tourné le dos et il a descendu les branches en moins d'une seconde, et une fois au sol il s'est mis à pousser des cris de sanglier et à s'éloigner entre les arbres à une vitesse incroyable.

Djesuppine s'est rallongée après ça. J'ai eu honte pour ce garçon, j'ai regardé ma braguette et j'ai été pris par la terreur qu'il puisse raconter notre rencontre à quelqu'un et que Djesuppine pense qu'on est les mêmes, ce garçon et moi. Je me suis mis à transpirer beaucoup, des grosses gouttes, j'en tremblais même. Ma mère le saurait aussi. J'allais devoir partir loin, jamais je ne supporterais tellement ce serait la honte. J'ai baissé les yeux vers le sol et je me suis rendu compte que j'étais monté vraiment très haut, j'aurais pu me casser le cou. Et d'un coup j'ai eu vraiment froid, ça me faisait mal presque. Je me suis accroché à chaque branche mais j'avais l'impression que je n'arrivais à rien serrer dans mes mains, je ne serais en sécurité que quand j'aurais le sol sous les pieds. Et ça me paraissait tellement loin.

Quand j'ai atterri, j'ai tourné le dos à la clairière et je suis rentré à la maison. Après quelques heures, la fièvre m'a incendié la nuque.

Ouittorye est revenu quelques jours après. Moi j'étais sous le porche et j'étais très concentré, parce que je regardais le berceau de Nennelle, un berceau à bascule, et que je le poussais pour voir comment il bougeait. Je lui donnais des toutes petites poussées, presque invisibles, parce que j'avais envie qu'il ait l'air de bouger tout seul, avec un mouvement toujours pareil et qui pourrait durer à l'infini. Je m'étais lancé ce défi juste après le déjeuner et ça faisait déjà presque deux heures que j'essayais et ça m'embêtait et en même temps j'y étais presque et alors je n'ai pas du tout entendu le moteur de la voiture de Ouittorye qui arrivait, je m'en suis rendu compte seulement au moment des freins, quand ils ont fait leur crissement avant de s'arrêter.

Ouittorye a ouvert la portière et il n'a même pas eu le temps de mettre les deux pieds par terre que je lui avais déjà sauté dessus. Ça l'a fait rire. Je n'avais jamais vu sa moustache bouger autant. Moi je me suis mis à rire avec lui, je ne me suis pas retenu cette fois-là, c'était de la folie de rire comme ça, sans des blagues, juste parce que je le revoyais, je ne comprenais pas trop, c'était la première fois que ça m'arrivait. Ma mère a couru hors de la maison et je l'ai vue chercher les yeux de Ouittorye, mais lui il ne la regardait pas, pas vraiment, juste un instant très court, il savait peut-être qu'il ne devait pas la regarder parce que sinon son rire allait s'arrêter. Et c'est ce qui s'est passé au final, il a arrêté de bouger la moustache d'un coup et il a essayé de ne pas le faire remarquer en disant :

« Messieurs-dames. Puis-je vous demander de m'aider à décharger cette voiture ? »

Ma mère s'est raidie d'un coup et elle a pris les cartons que lui passait Ouittorye comme si elle ne le connaissait pas ou que c'était juste son travail de faire ça. On a continué à vider le coffre mais ça a jeté du silence partout, il n'y avait que Djesuppine qui parlait pour me demander de déplacer une chaise, d'ouvrir une porte ou autre chose. Elle demandait gentiment et alors moi j'obéissais même si ma tête était vraiment lourde.

Ouittorye a posé un sac noir dans le salon et il était tout fier.

« Allez, ouvre-le, Faïel, c'est pour toi. »

Ça ne pouvait contenir que du poison, vu comment les corps de tous étaient devenus raides. Moi je ne bougeais pas, et comme je ne faisais rien il a fini par l'ouvrir lui-même, le sac. Dedans, il y avait mes jouets. Une bonne partie des jouets qui étaient restés chez moi. Si j'avais pu, je l'aurais tué. Qu'est-ce qu'il croyait faire avec ça ? Je n'étais pas assez bon pour travailler avec lui ? J'avais vu sa femme nue, s'il voulait vraiment tout savoir. Et j'allais la revoir, si ça me chantait.

« Alors ? Tu les reconnais ?

— Qu'est-ce que c'est ?

— Quelqu'un m'a dit que ça t'appartenait et m'a chargé de te remettre ce sac.

— Tu les as volés ? »

J'avais crié sans m'en apercevoir. Je le regrettais déjà mais mon regard, lui, ne regrettait rien du tout et je sentais que ça me chauffait la tête. Ouittorye ne s'attendait pas à ça et alors sa moustache s'est baissée et elle est devenue toute triste, et moi j'ai répété, dans ma langue cette fois-ci :

« Tu les as volés ? »

Ma mère a parlé comme si elle courait pour rattraper un truc qui tombait :

« Faïel, comment tu peux dire ça ? Tu es fatigué. Il a eu de la fièvre ces derniers jours. Excuse-le. »

Ouittorye n'a pas répondu, il s'est baissé pour fermer le sac. Dehors, Nennelle a explosé en un cri puissant.

« Faïel, viens, m'a dit Djesuppine. Allons nous occuper de ta sœur, je crois que Sisine et Ouittorye ont besoin de discuter. »

J'ai pensé à m'excuser mais je n'en avais vraiment pas envie, alors tout ce que j'ai fait c'est marcher en faisant beaucoup de bruit pour sortir de cette pièce et de l'air gluant et dégueulasse dans lequel on nageait tous. Dehors, j'ai senti que ma tête redevenait un peu plus froide. Djesuppine a pris Nennelle dans ses bras et moi je suis parti vers la chênaie. J'ai fait les cent pas, j'ai frappé les pieds fort contre le sol, je suis monté sur les branches, j'ai attendu longtemps mais le garçon au torse nu n'est jamais venu.

Je n'ai pas su, à l'époque, ce que s'étaient dit Ouittorye et ma mère. J'ai cru bêtement que ç'avait été moi, avec mon insolence, qui avais imposé le silence à table ce soir-là. J'ai tiré beaucoup de plaisir de la gêne qu'il y avait dans leurs gestes de grands, dans leurs regards baissés sur les gamelles. J'étais aveuglé par ma vengeance et je n'ai pas vu que ma mère avait recommencé avec ses faux repas, je n'ai pas vu que la matière de son corps s'asséchait comme ces morceaux de bois noueux qui sont tout légers et qu'on utilise pour démarrer les feux, faciles à casser même pour des bras d'enfants de mon âge. Il n'a plus jamais été question du sac noir avec mes jouets. Dès le lendemain, j'ai recommencé à accompagner Ouittorye aux champs, je comptais bien lui imposer ma rogne, mais comme il se taisait lui aussi et que les quelques mots qu'il a dits c'était pour me parler de la vigne, ça m'a enlevé l'envie de le faire. Mais il ne fallait pas qu'il se fasse des idées, je lui en voulais toujours.

Un après-midi où on avait retrouvé un peu de complicité, sur le chemin du retour je lui ai dit que j'avais goûté le miel et que j'aimerais un jour apprendre à m'occuper des abeilles et lui, pour toute réponse, il a hoché de la tête. Mais après, en arrivant à la maison, il m'a mis une main sur le dos et m'a fait avancer vers la ruche. Il m'a laissé là-devant et il a disparu dans la cabane à outils. Il est revenu et dans ses mains il avait une petite boîte en bois et en grillage métallique, juste un peu plus grande que celles où on vend les allumettes. Il a ouvert la ruche, et il a commencé à sortir les cadres un par un. Elles étaient des centaines, les abeilles. On était beaucoup trop près.

« Je cherche la reine. »

Lorsqu'il l'a trouvée, il l'a attrapée par les ailes.

« Tu peux la prendre par la tête aussi. Il faut éviter les pattes, trop fragiles, une reine éclopée est une reine morte. Surtout pas par l'abdomen, c'est là qu'elle a ses organes génitaux. »

Il effleurait les parties du corps de la reine pendant qu'il me les nommait. Les autres abeilles ont commencé à s'exciter autour de nous. Nous étions tout fragiles dans nos vêtements de vignerons.

« N'aie pas peur. Elles ne te feront rien. »

Il a mis la reine dans la petite boîte à tamis puis il a enlevé sa chemise et a suspendu la boîte à son cou avec un lacet. J'ai vu les ouvrières, égarées, qui cherchaient à tâtons leur cheffe, c'était comme si elles hésitaient, elles s'éloignaient d'abord à droite, puis à gauche, et comme ça elles dessinaient des milliers de courbes dans l'air. Je les ai vues s'approcher, pas trop sûres d'elles, de Ouittorye, puis, presque une à la fois, commencer à entourer la petite boîte. Elles s'étalaient par grappes sur la peau de sa poitrine, elles escaladaient ses clavicules, elles montaient sur son cou et elles sont même allées prolonger ses cheveux comme des favoris sauvages qui grouillaient tout le temps. D'autres abeilles se sont unies à elles et elles ont dessiné une barbe complète, une barbe qui bougeait avec la pomme d'Adam de Ouittorye et qui entourait ses lèvres. Je ne sais pas comment il faisait ça, mais il souriait et aucune abeille ne le piquait.

Je ne savais plus où j'étais. J'avais arrêté d'avoir peur, je n'existais que par mes yeux qui étaient terrorisés d'émerveillement.

L'essaim a recouvert très vite Ouittorye du front au nombril, il n'y avait que les yeux, les joues et la bouche qui étaient restés à peu près libres. Un sorcier, un chevalier-sorcier capable de dompter la nature, voilà ce qu'il était. Puis un cri très très aigu a retenti derrière nous et tout de suite après j'ai entendu un bruit lourd, alors je me suis retourné et j'ai vu que ma mère était allongée par terre sous le porche et que ma sœur aussi était au sol, juste à côté de ma mère, et elle s'est mise à hurler comme une guerrière désespérée, ma Nennelle. Djesuppine est arrivée en courant.

Le médecin est venu visiter Nennelle et il a dit que c'était un miracle qu'elle n'ait rien. Il a ausculté ma mère après et là il n'a pas du tout caché son inquiétude : il lui a dit qu'elle devait manger plus et prendre des bains au moins deux fois par semaine et que dans l'idéal elle devait recommencer à travailler à l'extérieur.

« Du soleil. Il vous faut du soleil, madame. »

Il m'a aussi regardé tout sérieux dans les yeux et il m'a dit de prendre soin de ma mère et moi j'ai eu peur, terriblement peur que ma mère ne m'adresse plus la parole, plus de caresse, plus de regard, alors je me suis blotti contre elle sur le canapé. Elle a posé sa main sur mes cheveux et elle l'a bougée doucement, je me suis dit que c'était déjà quelque chose.

Ce soir-là, elle a été d'une tendresse et d'une faiblesse difficiles à raconter. Ses yeux avaient comme un voile, un voile de tristesse, oui, qui leur était tombé dessus. Elle a dit à Ouittorye et Djesuppine que, s'ils étaient d'accord, dès la semaine suivante elle irait demander aux familles du coin si elles cherchaient une bergère pour aider. Elle avait vu faire son beau-père, des centaines de fois, elle l'avait parfois remplacé, ça lui allait très bien de faire ça. Elle ne pourrait pas être aussi présente pour les chaussettes et le linge mais elle apporterait plus de lait, plus de fromage, et peut-être un peu d'argent. Djesuppine et Ouittorye avaient l'air inquiets mais ils ont dit oui oui et ils ont essayé de lui donner du courage, son idée était très bonne en effet.

« Et je pourrai venir avec toi, maman ? Grand-père me laissait aller avec lui.

— Oui, certainement. Une fois que j'aurai trouvé, tu pourras venir avec moi. »

Nous avons dit bonne nuit très tôt à Djesuppine et Ouittorye. Pour la première fois depuis que nous étions chez eux, maman s'est couchée en même temps que moi. Les émotions de la journée avaient été fortes et elle devait se reposer si elle voulait reprendre bientôt les sentiers des chèvres. Elle m'a bordé et puis elle a étalé son matelas sur le sol. Je l'ai vue faire, elle a étendu son drap, puis sa couverture. Elle m'a embrassé avant d'éteindre la lumière et de se coucher. L'air était plus pur, ce soir-là, je me suis dit que c'était Nennelle qui s'était endormie depuis longtemps et qui avec sa respiration nous faisait du bien, à tous les deux. Il faisait une nuit noire dans la chambre et moi j'ai gardé les yeux ouverts vers là où je savais que maman était allongée. Je n'entendais pas son souffle.

Dans mon rêve, c'était le printemps, ma mère était debout devant une grotte sur la pente d'une colline escarpée. Elle surveillait l'entrée pour protéger les animaux qui se trouvaient à l'intérieur. Il y avait un brouhaha, même si c'était faible ça retentissait jusqu'à nous. J'avais l'impression que c'étaient des voix humaines qui faisaient ça, des voix humaines qui imitaient les cris et les bourdonnements d'animaux, mais elles restaient humaines et elles laissaient échapper des bribes de mots, des grognements de rire. « Tu ne me crois pas, regarde ! » me lançait ma mère dans le rêve, elle avait grandi de quelques dizaines de centimètres et elle tenait un zèbre jaune dans ses bras. Elle se tournait vers la caverne et elle se mettait à chanter une berceuse que je connaissais par cœur mais avec des mots que je ne connaissais pas, que je ne comprenais pas même si elle chantait dans notre langue, dans la langue de mon père et de Sara, la langue que je connaissais le mieux. Elle me regardait, elle berçait son zèbre et elle était méchante et j'ai compris ce qu'elle me disait sans rien dire : à partir de ce moment-là je n'avais plus accès à ma langue, c'était interdit. La berceuse a commencé à se désagréger et c'est devenu une chanson toute sombre et crochue, sans aucun moyen de s'orienter dedans, et ça a fini par devenir juste un tas de cris différents qui se chevauchaient comme des griffes au visage. Quand c'est devenu tellement violent que c'était insupportable, ma mère a jeté le zèbre au sol et ça a fait un bruit de chaise qui tombe.

Quand je me suis réveillé, j'étais en train de serrer mes yeux. Une bouffée d'air est entrée dans mes poumons. Les odeurs familières. J'avais soif. J'ai voulu descendre de mon lit mais mon matelas était par terre. J'avais dormi sur le matelas de ma mère. Je suis sorti dans le couloir, et je suis allé dans la cuisine. J'ai bu de l'eau, plusieurs verres. En revenant vers la chambre à coucher, j'ai eu l'impression de voir du mouvement dans le salon, il y avait un peu de lumière de lune, faible, qui l'éclairait. J'ai vu le garçon de la chênaie au milieu de la pièce, il était effaré et il avait du mal à respirer, et il me suppliait de l'aider avec son regard terrorisé parce qu'il essayait de pousser vers le haut les jambes d'un corps qui oscillait suspendu au plafond. J'ai enjambé la chaise renversée au sol et j'ai couru l'aider. Nous étions trop faibles, trop petits. Je me suis mis à hurler et en hurlant j'ai regardé dans le miroir pour essayer de comprendre ce qui se passait. Nous n'étions que des ombres.

Lorsque Ouittorye a allumé la grande lampe, j'ai vu que je n'avais plus mon haut de pyjama, que mes yeux étaient écarquillés et que le garçon sauvage était parti. J'étais tout seul à essayer de soulever ces jambes. J'ai su aussi, avec certitude, que je venais de perdre ma maman.

Ou sepirete tou véne yindau souaine

Il est un endroit dans la montagne
et marrecorde ka sô fèmmene et vive
fèmmena tô

connu par Ouittorye seulement
pe tchai le lagreme s'anna sekate
me dechetaicheke ka l'arye me l'anne tagyate.

et par son père, son grand-père
Et tchou lîte stæ abbañate
yé pe l'akwe ka makkyeke dô
nmïnze à lega'mbe

qui l'y avaient amené
Figyete nône a parlate angôre
et nan dza recorde pe fortse

où pousse, paisible, la sauge sauvage.
na storye ke nou messadjire, na fatche
et nmïnze a nou sake de pouercaries na parola
muerte
nan dze pôte diche.

Le cueilleur Ouittorye en est revenu, habillé d'une traîne odorante.

Yie vèneghe ke vous
vous ka le paryïnde kiou stritte
le tenîte yïnde ò spekye

Des bouquets à sécher.

et sô capache asseloute
de fœ vedé la fatche dou chkife

Dans le salon, pendant des semaines,
cela brûlait sans discontinuer.
de fœ se ndi moke ou fîte dou dechoune.

Sisine avait toujours su que sa trajectoire, tôt ou tard, la mènerait au suicide. Cette pensée l'avait même consolée, toute jeune fille : il y avait une sortie possible à l'horreur, à ces chagrins qui la frappaient au tournant d'un après-midi – quand le soir tombait –, lorsque rien au monde ne pouvait la convaincre que la ville entière ne finirait pas brûlée pendant la nuit, qu'elle ne serait pas la seule survivante, estropiée, du monde qu'elle avait connu jusque-là. Au petit matin, lorsqu'elle était redevenue plus calme, elle se rassurait en se disant qu'elle pourrait toujours se jeter dans la crevasse à la sortie de la ville. Elle avait même étudié l'endroit précis pour avoir la certitude qu'elle ne raterait pas son plongeon, qu'elle ne se raterait pas.

Plus grande, adolescente, ça l'avait effrayée, de s'en sentir capable. Mais à cette époque-là, le chagrin ne la frappait plus tous les jours, même si des choses la poussaient à bout au quotidien : les conflits avec ses camarades et avec ses parents l'éreintaient, la pensée étroite débitée par la petite communauté de sa ville l'angoissait. Il pouvait lui arriver aussi – dans les jours les plus noirs – que des douleurs terribles lui contractent les muscles de l'épaule, du ventre, et l'immobilisent, l'oppressent comme une couette trop lourde, trop grande. Mais c'était l'adolescence, tout le monde passait par là, tout le monde le lui répétait. Et même si elle voyait bien que ce n'était pas pareil pour les autres garçons et filles de son âge, elle se disait que peut-être les gens avaient raison, sur ce point.

C'était à peu près supportable, en tout cas, comparé à ce qu'on ne sut jamais expliquer, d'aucune façon, et qui se déclara autour de ses seize ans : une nouvelle cyclicité. C'était comme si la nuit, au lieu de tomber tous les jours, se mettait à tomber tous les mois de février, peu importe ce qui se passait par ailleurs dans sa vie, et qu'elle tombait encore plus noire qu'avant, plus épaisse, et beaucoup plus longtemps. Tous les mois de février, Sisine devenait aveugle, elle ne voyait plus rien, ne ressentait plus rien à part une rage et une peur qui annihilaient son corps, le laissaient inerte, hors du monde.

Lorsqu'elle se réveillait, au bout de quelques semaines, quelques mois parfois, elle avait l'impression qu'un secret dégoûtant lui avait collé à la peau et qu'elle pouvait enfin muer, s'en débarrasser. Et quelques jours avant de réémerger, Sisine rêvait systématiquement que de la ronce poussait dans son estomac, que les épines se frayaient un chemin dans son œsophage jusqu'à la faire suffoquer en sortant de sa bouche, que son corps lacéré donnait naissance à une roseraie magnifique.

Devenue adulte, elle sut qu'elle allait devoir vivre avec ça toute sa vie, elle l'accepta comme on accepte l'impolitesse d'un passant, en ravalant sa salive.

Puis, une année, sans qu'elle ne sache trop pourquoi, elle constata qu'elle ne ressentait plus ce vide, que ses pieds touchaient du ferme et qu'ils se baladaient ailleurs, délestés, agiles. Elle dut admettre avec étonnement que sa trajectoire avait dévié. Personne autour d'elle ne sembla s'en apercevoir. Ses parents étaient morts depuis trois ou quatre ans, les gens n'étaient pas vraiment au courant de tout. La seule qui la regardait curieusement était Sara. Après de longs mois de discrétion, elle demanda à son amie si elle voyait juste et Sisine lui répondit d'une joie incrédule, entraînante, que oui, que c'était parti, qu'elle ne comprenait pas comment mais que c'était comme ça. Sara la serra dans ses bras, la félicita et elles fêtèrent ensemble la nouvelle.

La vie devint plus douce, à l'atelier comme à la maison, au marché comme sur la place du vieux quartier. Même la mort de son mari n'avait pas changé la donne. Certes, c'était difficile depuis, mais rien de comparable à l'ancienne inquiétude. Elle se sentait chanceuse d'être tombée sur des gens comme Ouittorye et Djesuppine. Des gens qui ne posaient pas de questions, qui prenaient ce qui était là et avaient le goût de l'entraide. Avec eux dans les parages, le reste, bon ou mauvais, allait suivre, ça ne lui faisait pas peur. Ça ira.

Sauf que, lorsque Ouittorye était parti en voiture vers la ville qu'elle avait dû fuir, Sisine se surprit à penser qu'elle ne voulait pas mourir. Une fois formalisée, cette idée ne la quitta que par intermittence. Elle ponctuait ses gestes, elle structurait ses journées. Sisine la prononçait à haute voix sans s'en rendre compte. « Je ne veux pas mourir. » Ça lui échappait en réparant une chaise, en cueillant des fruits, en tirant la chasse d'eau, enfin, à tous les moments où ses mouvements s'autorisaient à devenir machinaux. Sisine pouvait alors voir, ressentir, entendre, ce qui n'avait lieu que dans sa tête. « Je ne veux pas mourir. » Ça se glissait même dans ses rêves, dans son sommeil.

Lorsque, de loin, l'oreille de Sisine perçut le bruit du moteur de la voiture de Ouittorye qui revenait, cette phrase résonna une dernière fois en elle. Elle vit son fils se précipiter dans les bras de l'homme et courut dehors. Ses yeux croisèrent ceux du voyageur et eurent l'impression de tomber par terre, faute de prise.

Plus tard dans la soirée, Ouittorye lui raconta, se perdit dans des détails confus dont elle ne retint que l'essentiel. Son mari n'avait été que le premier d'une très longue série de morts et de disparitions, une armée étrangère avait envahi la ville et Sara avait fini sous les ruines du quartier qu'elle avait défendu vaillamment pendant trois jours.

Un bruit de chaise qui tombe. Sisine s'était levée brusquement. Elle se tint droite quelques secondes, le regard dans le vide, puis s'empressa de sortir de la maison.

Elle ne revint que quelques heures plus tard. La longue promenade nocturne la convainquit qu'elle arriverait à encaisser ce coup aussi, même si là, tout de suite, elle ne voyait pas où trouver le courage. Elle se laisserait porter par les événements, ça ira, quoiqu'il advienne, voilà ce qu'elle se dit. Et aussi que rien de pire ne pouvait désormais lui arriver. Ouittorye et Djesuppine ne la laisseraient pas tomber, ni elle, ni ses enfants, surtout ses enfants.

Elle ne devint que volonté. Chaque soir, lorsque l'heure de se coucher arrivait, elle soufflait, elle avait gagné une fois de plus contre le monstre qui la cherchait, elle avait une fois de plus bravé le vertige. Ça ira. Et puis ses rêves, contre toute attente, lui apportaient du répit. Elle rêvait toutes les nuits de créatures étranges qui l'autorisaient à mourir, et ça l'apaisait. L'une d'entre elles venait la visiter plus souvent que les autres, c'était une fille, elle avait une énorme barbe grouillante et sauvage qui descendait jusqu'à son nombril, elle tenait comme une brindille d'air entre le pouce et l'index, et en la lui tendant, chaque fois, elle lui disait, d'une voix familière – la voix de Sara ! –, qu'elles se retrouveraient dans la vraie vie et que toutes ses peines disparaîtraient.

Le discours de la femme changeait d'une nuit à l'autre, tout comme son visage. Jusqu'à ce qu'une nuit, elle fût entièrement Sara : dans ses mouvements, dans sa peau nue, dans les traits de son visage. Et elle ne lui dit alors que des mots d'amour. Sisine fut réveillée par ses propres sanglots. Elle les étouffa dans l'oreiller. Faïel avait quitté son lit et dormait à ses côtés. Elle se leva et sortit de la chambre, son oreiller contre le visage. Pieds nus dans le couloir, elle se calma en chantant tout bas une chanson qui venait de son enfance. Cela dura un moment. Lorsque les sanglots cessèrent, elle éloigna l'oreiller de sa tête. Il était sec. Tout son corps s'était engagé à produire des larmes mais aucune n'était sortie de ses yeux. Un fléau, la sécheresse.

Elle décida de dormir dans le salon. En descendant l'escalier, elle se rendit compte qu'elle s'était oubliée, avait trempé sa culotte. Sèche seulement au niveau des yeux donc. Elle n'alluma aucune lumière, la lueur de la lune suffisait pour ouvrir le placard qui contenait les nattes et les couvertures. Elle commença à préparer sa couche lorsqu'elle vit dans le miroir sa propre silhouette. Elle se trouva maigre. La glace lui renvoya l'image de tout ce qui lui restait sur terre, le reflet de son visage dégoûté, son haleine puant la faim, le jeûne, la rage. Elle eut envie de tout casser, ce salon, cette maison, la voiture dehors et les arbres, ces montagnes, mais par-dessus tout cette chose inutile qui la regardait. Elle comprit. C'était donc là qu'elle retrouvait sa trajectoire, comme un fleuve qui coulerait un moment sous terre et qu'on recroiserait quelques kilomètres plus loin, rassurant et intarissable.

Elle remit natte et couverture dans le placard, prit la corde et s'observa la fixer au plafond, faire le nœud coulant, monter sur une chaise puis courir dans le vide par petites foulées jusqu'à n'avoir plus d'air.

Histoire de Faïel

Nennelle allait avoir huit ans. C'est un âge important, par ici, c'est l'âge auquel vous restez seule avec le troupeau si vous êtes bergère, où on vous confie l'étal pendant la pause déjeuner si vous faites les marchés, où vous passez une nuit entière seule dans la forêt la plus dense de la montagne peu importe qui vous êtes. Nennelle, elle, se tordait d'impatience. Ouittorye et Djesuppine lui avaient promis une parcelle de terre où elle allait pouvoir planter ce que bon lui semblerait. Elle avait décidé depuis longtemps qu'elle créerait une forêt où, à terme, aucun être humain ne mettrait les pieds.

« Une nouvelle forêt vierge, oui, où toutes les espèces qui ne savent plus où s'abriter – et il y en a de plus en plus, vous le savez mieux que moi – vont retrouver un espace vital, vont se livrer aux mêmes combats que leurs ancêtres avant que l'être humain ne vienne fourrer son nez partout. » Elle avait du bagou. Et de l'imagination aussi. Elle voyait déjà tout : les ours bruns qui ouvriraient grand leur gueule pour avaler le plus de papillons possible, les lièvres qui fuiraient les serpents, les bartavelles qui esquiveraient les attaques des faucons. Rien au monde ne la mettait autant en joie que d'imaginer les milliers de lombrics et de larves en tout genre qui habiteraient le sol de sa parcelle. Sans parler de la pourriture : tous ces arbres morts qui recréaient la vie en se décomposant, ça lui coupait presque le souffle. Elle pouvait passer des heures et des heures à parler du futur de son lopin de terre, et elle ne s'en privait pas. Elle essayait de tester nos parents : comment allaient-ils réagir, eux qui avaient fait le choix de rendre rentables presque tous leurs terrains ?

« C’est ta terre, tu en fais ce que tu veux », répondaient à tour de rôle Ouittorye et Djesuppine. Ils avaient décidé d’une stratégie commune à adopter face à leur fille et ils s’y tenaient.

Moi je lui disais qu’elle ferait mieux de planter des noisetiers, vu la quantité de noisettes qu’elle avalait et vu comme ces arbres se faisaient rares dans la région. Ça lui permettrait de ne pas dépenser toutes ses économies lorsque nos vieux décideraient de mettre fin à ses lubies en lui coupant les vivres. Je plaisantais, mais Nennelle a pris ma remarque très au sérieux, « Tu as raison Faïel », m’a-t-elle dit, courroucée par cette nouvelle donnée à prendre en compte dans l’organisation de sa vie future. Elle a presque flanché et puis, le lendemain, elle m’a fait savoir qu’elle avait réfléchi et trouvé une solution : je ne sais pas comment elle s’était arrangée pour ça, mais une de ses amies lui avait promis qu’elle allait planter des noisetiers je ne sais où et Nennelle d’ajouter que « de toute façon le futur de nos terres doit primer sur la gourmandise individuelle ». Elle était incroyable cette gamine, je ne sais pas où elle allait pêcher ces idées, ce langage.

La vérité est que je trouvais son projet de parcelle sensationnel et que je m’en voulais d’avoir planté simplement de la vigne sur la mienne, quand j’avais eu son âge. Quant aux parents, ils étaient amusés par son entêtement, je le voyais, et je crois que d’un côté ils se disaient que ça lui passerait en grandissant et que de l’autre ils espéraient que ça ne lui passerait jamais. C’était sa solution à elle contre la désertification du monde.

« Comment tu vas t’y prendre ? lui lançais-je.

— Patiemment, répondait-elle.

— Et encore ?

— Djuañi dit qu’il m’aidera.

— Et qu’est-ce qu’il en sait Djuañi des plantes qui poussent ?

— Beaucoup plus que toi, en tout cas. »

C'était comme ça, le dernier mot, c'était pour elle. Le Djuañi en question était le mari de Terési, l'ancienne nourrice de Nennelle. Ses vignes, à Djuañi, étaient un bordel pas possible, pleines d'herbes, et des mauvaises, vraiment, ce n'était ni fait ni à faire : avec le même nombre d'hectares, il produisait dix fois moins de vin que les autres, que moi, par exemple, mais ça ne l'embêtait pas. Il disait que ses cuites étaient beaucoup plus joyeuses que les nôtres. Il riait chaque fois qu'une bouteille de pétillant se perdait en mousse et, lorsqu'il en débouchait une autre et que ça sentait l'étable, la crotte de chèvre, il aimait prendre à témoin ma sœur : « Nennelle ! Nennelle ! Ça sent à nouveau la crotte ! Viens, viens voir, sens-moi ça ! Tu es d'accord que ça sent le caca ? Est-ce que j'ai merdé pour autant ? Eh ben non, Nennelle, pas du tout ! La crotte, la merde, la bouse, le fumier, appelle-moi ça comme tu veux, Nennelle, mais voilà, le caca aussi c'est la vie ! Méfie-toi de ceux qui disent le contraire, ils sentent peut-être bon le parfum, mais ils chient du verre. On va la laisser ouverte deux ou trois heures celle-là. Tiens, passe-moi la bouteille qui est derrière toi, si ça sent la pisse, alors là… on les mettra l'une à côté de l'autre, tu parles d'un couple », et il éclatait de rire.

Chaque fois que je lui faisais des réflexions taquines sur ses vignes ou son vin, Djuañi ralentissait ses gestes puis, tout doucement, interrompait ce qu'il était en train de faire, approchait ses talons, esquissait une révérence toute raide et me répondait en prenant un accent fantasque :

« Maître Faïel venu de loin pour faire la morale. Nous remercions Maître Faïel de grande sagesse. »

Après quoi, il retournait vaquer à ses affaires en se moquant de ma présence.

Nennelle aimait beaucoup Djuañi, elle lui collait aux basques dès qu'elle le pouvait, surtout lorsqu'il se promenait dans ses champs, dans son « bordel heureux », comme ils disaient tous les deux. Elle adorait l'observer, certaines journées sans rien dire et d'autres en l'inondant de questions auxquelles il répondait, ou pas, selon son humeur. La chose, bien sûr, rendait Nennelle folle de dépit. Nennelle et Djuañi, Djuañi et Nennelle, la perche et la perchette, la perche et la perchée, la perchette et le perché, la langue et les gens s'amusaient à décliner les noms de leur binôme. Et les nommer c'était comme prononcer une formule magique qui nous évitait de trop jalouser leur liberté, leurs fantaisies déraisonnables. C'était peut-être une manière que nous avions trouvée de conjurer le sort extraordinaire qui les attendait, qui nous attendait tous.

Ça va sans dire, en retour, Djuañi aimait beaucoup Nennelle. Terési adorait raconter comment leur lien s'était fait tout de suite, avant même que son mari ne s'en aperçoive. « Il suffisait que la têtarde soit là et il devenait tout joyeux, mieux qu'une amulette, je vous dis. Une fois, il était tout malade et ronchon, j'avais dû rester à la maison m'occuper de lui et Sisine était venue avec la petite. On connaît la bête, hein, au départ il était là à pleurnicher comme quoi il ne tombait jamais malade et que pour une fois – une fois Terési ! –, je pouvais bien lui consacrer toute mon attention, qu'il ne savait même pas que je donnais le sein à un autre chiard, que c'était n'importe quoi et tout le tralala. Djuañi malade, quoi, je ne vous fais pas de dessin. Sisine était là et il boudait comme un cochon, je vous jure, il s'est mis à roter très fort et à répétition, il faisait même semblant de s'excuser alors qu'il avait un rhume, il était pas ballonné pour un sou, le Djuañi, et je sais bien qu'il sait roter sur commande. Bref, une bonne demi-heure de ce cinéma, qu'il m'a fait, jusqu'au moment où Nennelle s'est réveillée et s'est mise à chialer comme la chiarde qu'elle était et impossible de la faire arrêter, couche, sein, bercement et tout le tralala, ça n'arrêtait pas de chialer.

« Mon Djuañi, je le connais, il pense toujours qu'il fait mieux que tout le monde, n'est-ce pas, et il était là qui se tordait pour essayer de se retenir de donner ses conseils. Je suis sûre que sa température a dû monter de plusieurs degrés à ce moment-là, il était devenu tout rouge, mon pauvre homme. Il transpirait, je suis sûre qu'il en serait mort, s'il avait pas demandé à prendre la petite dans ses bras. Je lui ai dit qu'il était fou, que son truc était viral et qu'il n'allait pas contaminer la gamine, tout de même. Alors il a demandé à Sisine, qui a dit un truc comme quoi de toute façon les mioches chopent toutes les maladies, pas comme ça, hein, elle a dû dire un truc plus gentil, la connaissant, mais bon à quoi bon faire des politesses quand la moelle est là. Bref, j'ai persisté à dire que non et finalement on a décidé qu'on la mettrait pas très loin de lui, la Nennelle, pour qu'il puisse lui chanter une chanson sans avoir à pousser trop la voix, il était malade, il fallait pas qu'on oublie son état, il voulait juste nous aider, il allait tout de même pas se mettre à nous supplier non plus. On a allongé la petite près du lit, Djuañi s'est mis à chanter je ne sais quoi et boum : ils étaient partis sur une autre planète tous les deux et y en avait plus pour personne, ciao la compagnie et on est même pas sûrs de pouvoir revenir un jour…

« Lui, il n'avouait rien du tout, pendant des mois il a même continué à m'emmerder avec cette histoire d'arrêter de donner le lait, mais on ne la fait pas à Terési, j'avais bien compris le truc, moi. Du coup, après cette fois-là, chaque fois que je le voyais venir, que je sentais qu'il avait envie qu'on s'embrouille ou de me faire chier, je trouvais le moyen de faire passer Nennelle à la maison et tout allait bien. Elle m'en a épargné, des migraines, cette gamine.

Ah ça oui. Mieux que l'amulette je vous dis. Ses enfants à lui c'est bien, hein, je ne dis pas ça, il les aime et tout, mais Nennelle c'est mieux, Nennelle c'est autre chose, comme il dit. »

Il faut avouer que tout le monde dans les parages aimait bien Nennelle. Tout le monde avait eu peur pour elle après la mort de maman. Ils racontent tous que ce fut terrible de voir un bébé si démuni de forces : elle ne pleurait plus, ne criait plus, bougeait à peine. Cela avait duré trois longues semaines après le suicide de maman. On a cru que Nennelle allait lui emboîter le pas, qu'elle allait mourir de son absence. Puis, un jour, elle a retrouvé le goût du sein de Terési, celui des attentions de Ouittorye et de Djesuppine. Il paraît que ça a été à partir du jour où j'ai accepté de la prendre à nouveau dans mes bras qu'elle a commencé à aller mieux, mais je crois qu'on dit ça simplement pour me faire plaisir, je ne me souviens pas. Ce que je me rappelle c'est que c'était le printemps, parce qu'il y avait des hirondelles partout, un jour il y en avait même une sur l'épaule du garçon sauvage de la chênaie pendant qu'il berçait Nennelle sous le porche, ça m'a rendu fou de jalousie qu'il berce ma sœur et j'étais tellement jaloux que je me suis senti idiot et que je me suis mis à courir loin dans la forêt. Sinon, je n'ai que des souvenirs beaucoup plus tardifs, de l'automne, de moi en train de l'endormir. On me raconte ça, en tout cas, moi qui la guéris, et j'ai fini par me laisser convaincre. Enfin, peu importe.

Le fait est que, à partir du jour où je l'aurais bercée, ma sœur a commencé à grandir une fois pour toutes et à devenir la Nennelle drôle et espiègle que tout le monde chérissait. Tellement drôle, tellement espiègle, tellement joyeuse et pleine de vie que cette constellation de gens qui nous avait adoptés en arrivait presque à oublier comment notre mère avait fini. Ça pouvait m'arriver aussi. D'oublier cette partie du passé comme petit à petit je savais que j'oubliais sa langue. Ma langue, la première en tout cas qui était sortie de ma bouche pour toucher le monde – *ou mounne* je disais à cette époque – pour toucher le monde qui m'entourait, et pour être touché en retour.

En m'éloignant de ces sons, de ces fréquences anciennes, je m'étais construit un autre corps, avec d'autres muscles, d'autres agilités, un corps similaire à celui du garçon de la chênaie, un corps de grimpeur, maître de l'esquive et de la fuite. Mon accent « à couper au sabre » avait disparu et je jouais des sons mouillés et glissants de la langue de Ouittorye et Djesuppine comme un virtuose jouerait de son instrument fétiche. La légende familiale, communautaire même – l'histoire était connue jusque dans la vallée –, ne se lassait jamais de décrire mon visage interloqué quand, à notre arrivée, Djesuppine m'avait servi le meilleur virelangue qu'elle avait sous la main : *ḷi ouo ḷi o houoï ? no, ḷi o houoï ne ḷi ouo ! mâ sôle ka ḷi ouo ḷi o houoï...* L'histoire faisait tellement rire Nennelle qu'elle s'était entêtée et avait voulu apprendre cet enchaînement de mots sans trébucher rien que pour pouvoir raconter à son tour comment son bêta de frère était resté bouche bée. C'est comme ça qu'après seulement quelques jours d'entraînement, à cinq ans, elle savait prononcer cette phrase en sachant parfaitement ce que ça voulait dire : « Tu veux un œuf aujourd'hui ? Non, je ne veux pas d'œufs aujourd'hui ! Mais si, tu veux bien un œuf aujourd'hui... », n'importe quoi. Elle en avait même fait une petite chanson, qu'elle aimait répéter en boucle, comme s'il s'agissait d'une formule magique, incantatoire. Elle m'avait avoué qu'elle ne savait pas encore très bien maîtriser sa magie, et qu'elle n'était pas tout à fait sûre que son pouvoir fût uniquement bénéfique : si un jour, en la chantant, elle pouvait empêcher les vignes de geler ou aider un chat à sortir d'une gouttière où il était resté coincé, un autre jour, ça avait l'effet inverse de ce qu'elle désirait. Pour appuyer ses propos, elle m'a parlé pour la première fois de ce qui s'était vraiment passé quelques semaines auparavant.

Cela faisait trois ans de suite qu'à partir du printemps, les robinets donnaient de l'eau seulement certains jours de la semaine. En été, ça se réduisait parfois à trois ou quatre heures tous les deux jours, et souvent la nuit. Les ruisseaux s'asséchaient de plus en plus tôt chaque année, le puits de la clairière derrière la chênaie se tarissait. On avait dû se rendre à l'évidence. Ouittorye était allé chercher un moine d'une grande abbaye qui se trouvait à plus d'une heure de voiture. Nous l'avions attendu avec impatience, il était petit, portait la tonsure chrétienne, une barbe longue et bien soignée, et avait le regard d'un enfant arrogant. Accroché à sa ceinture, un pendule. Arrivant chez nous, il nous avait fait un signe de la main, cordial mais expéditif, puis il avait saisi le pendule et n'avait plus cessé de le regarder en arpentant avec des tout petits pas le terrain qui entourait la maison.

La veille, Djesuppine avait expliqué à Nennelle que le moine saurait, aux mouvements du pendule, à ses vibrations et oscillations, s'il y avait de l'eau quelque part, si ça valait la peine de creuser un autre puits. En voyant le moine en difficulté avec sa soutane et son fil entre les mains, Nennelle s'était mise à entonner tout bas, les lèvres fermées, le chant magique qu'elle avait inventé à partir du virelangue. Le moine était trop loin pour s'en apercevoir et il continuait à marcher avec ses petits pas raides. Au bout de quelques secondes, pour la première fois, il semblait aller et revenir, s'attarder sur un carré de terre de quelques mètres : son excitation était visible, son pendule bougeait différemment. Nennelle avait su à ce moment-là que son intervention marchait et, accompagnant l'émotion du moine, elle avait laissé échapper son chant à gorge déployée.

Le moine avait lâché son fil d'un coup, comme si ça brûlait. Il avait regardé autour de lui, méfiant. Il avait essayé de ressaisir son instrument mais celui-ci semblait maintenant dépourvu de tout pouvoir, de toute force, comme un serpent mort qu'on porterait dans la main et dont les mouvements désarticulés nous dégoûteraient. Il avait fixé Nennelle avec rage et, agacé, avait fini par demander à Ouittorye de le ramener chez lui. Ils étaient repartis aussitôt avec des poules et des pots de miel dans la voiture.

« Tu vois Faïel, il faut que je m'entraîne, m'a-t-elle dit à la fin de son histoire, je ne peux pas ne pas savoir quand ça marche et quand ça ne marche pas. »

Le moine à la tonsure était entré très vite dans la légende familiale. De temps en temps, l'un d'entre nous l'évoquait en se tordant de rire. Nous adorions raconter l'histoire à nos visiteurs, même lorsqu'ils la connaissaient déjà. Nous nous attardions à chaque fois sur de menus détails, le raidissement de ses muscles, les nuances de sa susceptibilité, la bêtise qu'irradiaient ses yeux. Au fond, même si nous ne faisions jamais vraiment allusion à la magie de Nennelle et que nous évoquions seulement son chant, nous remerciions tous ma sœur d'avoir offert un si bon souvenir à la famille. Elle devait le sentir, elle était aux anges chaque fois que nous en reparlions.

Pourquoi nous n'allions pas jusqu'à raconter ce qui demeurait inexplicable, dans cette histoire ? Les effets concrets du chant de Nennelle ? Avions-nous peur ? Je ne sais pas, nous n'osions pas, c'est tout. Les gens du village, eux, avaient moins de mal à le faire, surtout en notre absence. Il m'est arrivé de surprendre des conversations où, perplexes, admiratifs, ils ajoutaient à l'anecdote une foule de détails surnaturels, de pure sorcellerie, comme pour se faire peur, s'impressionner. Des voyageurs qui faisaient étape ou des parents en visite dans nos villages n'avaient pas tardé à poser des questions : les moines de l'abbaye faisaient courir la rumeur que dans notre montagne sévissait la magie. Autant nos voisins étaient bavards entre eux, autant ils ne supportaient pas que d'autres, des étrangers, aient leur mot à dire là-dessus. Ils balayaient les dires d'un revers de la main : il fallait arrêter les conneries, le moine sourcier avait raté son coup, il était bête comme ses pieds, et comme si ça ne suffisait pas, il était ragoteur et médisant, qu'il reste à sa place, eux et Nennelle étaient très bien à la leur, pas besoin de superstition, la petite fille s'était moquée de lui, c'est tout. Il se vengeait en racontant n'importe quoi. Cela se tenait. Et la force avec laquelle ils défendaient Nennelle faisait rentrer les peurs dans leur antre, oublier le trouble qui chatouillait nos poitrines.

Après l'épisode des loups, par contre, ça a été plus difficile de continuer à faire comme si de rien n'était, comme si Nennelle était une enfant comme les autres, juste un poil plus drôle, plus éveillée.

Pour ceux qui n'ont pas encore entendu l'histoire, ou ceux qui en veulent une version plus proche de la réalité, je veux bien raconter en quelques mots ce qui s'est passé.

Il pleuvait et nous étions restés tout l'après-midi à la maison, nous avions mis nos mains dans la farine pour faire passer le temps et préparer des gâteaux au vin qui plaisaient beaucoup à Djesuppine et Ouittorye. J'avais regardé souvent par la fenêtre, c'est que je suffoquais chaque fois que je restais autant d'heures enfermé, je priais pour que la pluie s'arrête avant la tombée de la nuit.

Les gâteaux étaient au four, Nennelle était assise devant et essayait de suivre les étapes de transformation de la pâte, les secrets de la cuisson. Ouittorye était au sous-sol, il y avait eu beaucoup de vent et comme toujours ça l'avait mis sur les nerfs, il était descendu depuis un moment avec sa tisane à l'aubépine. Moi j'avais aidé Djesuppine à ranger, je faisais la vaisselle et je m'étais résigné à ne pas sortir de la journée.

« *Tchammarouquiḷi !* », Djesuppine avait lâché le mot.

Ça avait été comme une tape sur la joue, mon dos s'était redressé tout seul, mes yeux s'étaient ouverts en grand.

« Qu'est-ce que tu dis ?

— Il va y avoir des *tchammarouquiḷi.* »

Des escargots, ça veut dire escargots ! J'avais lavé les derniers couverts à toute vitesse, j'étais allé à la fenêtre et je l'avais ouverte en tirant un peu trop fort vers moi : les gouttes ne tombaient plus que du toit et des plantes, le ciel se dégageait. J'avais couru chercher mes bottes, des seaux pour tout le monde, et j'étais sorti sous le porche en essayant de rester le plus patient possible, même si je ne comprenais pas comment ils pouvaient être si lents. S'ils ne se dépêchaient pas, le soleil se coucherait avant que nous ayons pu faire nos emplettes.

C'était une tradition chez nous, après certaines pluies, nous arpentions une poignée de champs et cueillions les escargots par seaux. Dans la famille, savoir quelles averses les faisaient sortir et quelles autres les laissaient cachés dieu sait où était un pouvoir que seule Djesuppine détenait.

Nous nous étions divisés en deux équipes : les hommes d'un côté et les femmes de l'autre, tout cela parce que Nennelle était persuadée qu'avec Djesuppine elle cueillerait plus d'escargots et il n'y avait pas moyen de la faire bouger là-dessus. Nous nous étions séparés après dix minutes de marche. Côté garçons, la récolte avait été bonne. Nous avions à peine parlé, avec Ouittorye, on se limitait à faire des bruits satisfaits ou à exploser dans des « Oh là là, regarde-moi ça ! » lorsque nous tombions sur des archipels de petits escargots, qui sont les meilleurs. Nous étions rentrés avant que le soleil ne se couche, trempés d'humidité mais rêvant déjà au gueuleton qui nous attendait quelques jours plus tard, quand les bêtes auraient dégorgé. Les gâteaux étaient parfaitement cuits. Les filles n'étaient pas encore là. Comme il faisait bon, nous avions décidé de les attendre sous le porche, d'abord en parlant, vantards, de notre récolte, puis glissant peu à peu dans le silence, comme le soleil derrière les pics devant nous. Qu'est-ce qu'elles faisaient ?

« C'est la petite, elle doit vouloir en ramasser un maximum, tu la connais, elle ne rigole pas avec ça. » Ouittorye essayait de me rassurer mais ses mots avaient eu l'effet inverse sur moi. Je bouillonnais. « Ça fait plus d'une heure qu'elles auraient dû rentrer. Il faut aller les chercher. » Ouittorye avait peut-être voulu me répondre, mais il était resté silencieux. « J'y vais. » Il m'avait regardé foncer sur la cabane à outils. Une lampe torche. Voilà ce dont j'avais besoin. Mon cœur battait fort et je devais chasser sans cesse les images qui prenaient d'assaut mon esprit : ma sœur et Djesuppine noyées, ou le cou tordu, ou je ne sais quoi d'autre encore. Finalement, j'en avais pris deux, des lampes torches. De la porte entrouverte de la cabane je voyais le porche sombre, éclairé faiblement, à contre-jour, par la lumière qui sortait de la porte d'entrée. La silhouette de Ouittorye immobile sur sa chaise m'énervait. Je n'avais pas le courage de le laisser seul mais je ne pouvais simplement pas rester là sans rien faire. J'avais braqué ma lampe sur lui et j'avais eu accès, un court instant, à son regard terrorisé. Je n'avais pas fait trois pas que le bruit de quatre pieds qui se traînaient dans l'herbe humide m'avait arrêté.

« Où étiez-vous passées ? »

Nennelle marchait devant, une rage titanesque dans le regard. Derrière elle, recourbée, les yeux en proie à la panique, un bras en sang, Djesuppine piétinait.

« Qu'est-ce qui vous est arrivé ? Faïel, va chercher la trousse à pharmacie.

— Je l'avais perdue, avait dit Djesuppine.

— J'ai vu un homme qui ressemblait à Faïel, l'avait corrigée Nennelle.

— Viens là, Djesuppine, montre-moi, qu'est-ce que tu as ? »

J'avais éclairé avec ma lampe le bras de Djesuppine, la peau et les muscles étaient en lambeaux, on voyait l'os. Ouittorye s'était mis à jurer contre tout et tout le monde.

« Va, Faïel, va à l'intérieur, occupe-toi de ta sœur. »

J'avais pris Nennelle par les épaules, elle brûlait. Dès que nous avions franchi la porte d'entrée, elle avait sorti de sa bouche un cri rauque, de fauve, qui avait rempli la maison au point que j'avais eu peur pour les murs, les fenêtres, pour mon corps même. Je ne me rappelle plus très bien ce qui s'était passé après. La venue du médecin. Une nuit très difficile. Le retentissement de ce cri jusque dans mes rêves, le visage défiguré de ma sœur.

Le lendemain Nennelle ne se souvenait toujours de rien, seulement de l'homme qu'elle avait suivi. C'est de Djesuppine que nous avons appris ce qui s'était passé.

« Nous étions ensemble en train de cueillir les *tchammarouquiļi*, nous rigolions et elle m'a dit qu'elle allait voir s'il y en avait plus loin aussi. Moi je cueillais mes *tchammarouquiļi* et je pensais à une chose puis à l'autre et ça s'enchaînait comme ça dans ma tête jusqu'au moment où je me suis rendu compte qu'il n'y avait presque plus de lumière et qu'en plus j'avais perdu de vue Nennelle depuis longtemps. Je savais que je devais rebrousser chemin pour la retrouver, et c'est ce que j'ai fait. J'ai rebroussé chemin et je suis partie dans la direction qu'elle m'avait dit qu'elle prendrait. J'ai vu qu'elle était entrée dans la forêt parce qu'il y avait des herbes écrasées par des petits pas. Alors je suis entrée aussi et j'ai suivi le chemin parce que je croyais que c'était elle qui l'avait tracé.

« Sous les arbres il y avait encore moins de lumière et les traces de ses pieds se perdaient, il n'y en avait plus. J'ai regardé autour de moi et au bout d'un moment j'ai vu que son seau était là, je me suis dit que du coup elle ne pouvait pas être loin loin, alors qu'est-ce que j'ai fait ? Je me suis enfoncée un peu plus dans la forêt. Il faisait presque déjà nuit mais je me suis dit que si je n'y allais pas Nennelle allait avoir peur, alors j'y suis allée. Je cherchais, cherchais mais je ne la trouvais pas, notre Nennelle. Qu'est-ce que je pouvais faire, là ? Je l'ai appelée, mais je n'ai pas eu de réponse. Tu ne répondais pas, n'est-ce pas ? Alors je me suis arrêtée et j'ai essayé d'entendre les bruits, ce n'est pas comme si j'étais très douée pour ça, mais j'ai entendu un friselis loin loin et je me suis dit que la seule chose à faire c'était d'essayer de voir si tu étais là. Plus je m'approchais et plus le bruit se faisait net, tu n'étais pas seule visiblement, mais plus j'avançais et moins j'étais sûre que c'était toi, en vérité.

« Je suis arrivée à un endroit où il y avait un peu plus d'espace entre les arbres, et j'ai vu qu'il y avait des chiens qui tournaient, qui étaient là à s'affoler avec leur langue pendue autour de quelque chose que je ne voyais pas et qu'ils essayaient tous de passer devant, comme les chiots quand ils doivent téter le lait et qu'ils sont plus nombreux que les mamelles, et là j'ai compris que c'étaient leurs poils qui faisaient le friselis que j'avais entendu, parce qu'en bougeant ils s'effleuraient. Alors j'ai fait ce qu'il fallait faire, c'est-à-dire que je me suis approchée, et en m'approchant bien sûr que j'avais peur, surtout parce qu'entre-temps, j'avais compris que c'étaient des loups et pas des chiens. Moi j'avais jamais vu autant de loups. Et le point autour duquel ils tournaient c'était le corps de Nennelle qui était allongé au sol et qui ne bougeait pas. Je ne pouvais pas hurler, je ne pouvais pas m'approcher, je ne pouvais rien contrôler, je me suis juste mise à trembler toute entière, les loups m'avaient déjà vue et qu'est-ce qu'ils ont fait ? Ils se sont mis à grogner contre moi. Ils aboyaient et ils avaient leurs poils tout hérissés. Et c'est là que j'ai vu que le plus gros loup était arrivé à se mettre Nennelle sur le dos et qu'il marchait tout doucement pour qu'elle ne tombe pas à nouveau par terre, pendant que les autres restaient devant moi et me montraient de plus en plus leurs crocs avec la bave qui coulait de leur gueule et qui était vraiment fétide. Je ne pouvais pas bouger du tout, je n'y arrivais pas et je me suis même fait dessus.

« À peu près au même moment, Nennelle est tombée de la croupe du loup et elle a commencé à se réveiller. Quand elle a vu où nous étions, elle n'a pas changé d'expression – c'est vrai, pour toi c'était la chose la plus naturelle au monde, ma Nennelle ! –, c'était comme si elle voulait juste calmer les loups pour qu'ils comprennent que j'étais une amie et pour qu'ils me lâchent un peu. Et qu'est-ce qu'elle a fait ? Elle s'est mise à chanter son *ḷi ouo ḷi o houoï* mais les loups ne se calmaient pas tant que ça, alors elle est passée entre eux en les poussant pour venir à côté de moi. Elle chantait, toute calme, Nennelle, ma Nennelle, elle s'approchait de moi mais les loups faisaient la même chose, ils s'approchaient de moi aussi. Quand elle est venue à mes côtés, elle m'a dit qu'il fallait les saluer, que c'était la seule façon de pouvoir partir, et alors elle s'est mise entre eux et moi, et elle s'est mise à les caresser un par un, toujours en chantant son *ḷi ouo ḷi o houoï* et lorsqu'elle leur touchait le crâne ils arrêtaient assez vite de grogner et d'aboyer, ils mâchouillaient juste leur salive, comme s'ils venaient d'avaler leur colère et qu'ils restaient un peu sur leur faim, et qu'ils attendaient que Nennelle leur donne autre chose à manger. Ils faisaient tous ça, chacun à sa façon, bien sûr, mais tous ils faisaient ça. Sauf que quand elle s'est approchée de l'avant-dernier qui était encore bien énervé, il n'a même pas attendu qu'elle le touche, et il a bondi sur moi et il a croqué mon avant-bras avec une de ces forces, mon Ouittorye, moi j'ai ressenti le feu qui rentrait dans ma chair et j'ai senti ses crocs qui touchaient mon os, et j'ai même cru entendre le bruit, puis je n'ai plus rien compris et heureusement que tous les autres loups se sont jetés sur lui, sinon je crains que ni moi ni Nennelle ne serions là devant vous pour vous raconter cette histoire. Après Nennelle m'a juste tirée et sortie de là, de la mêlée de loups je veux dire, mais elle était furieuse et avait des énormes larmes qui coulaient sur ses joues, comme vous l'avez vue quand on est arrivées ici à la maison. »

Nennelle disait qu'elle ne se souvenait pas de ces loups, que ses souvenirs s'arrêtaient au moment où elle avait vu l'homme qui me ressemblait et sur lequel elle ne savait rien dire d'autre sinon qu'il avait l'air normal, juste peut-être la peau plus blanche que nous tous, très blanche, et oui, aussi qu'elle avait l'impression que lorsqu'il avançait dans la forêt, il était accompagné d'une espèce de brouillard, comme si l'eau de pluie qui mouillait les plantes s'empressait de rejoindre l'air autour de son corps, puis montait en vapeur, le laissant parfaitement sec.

Je n'ai jamais su si elle disait la vérité sur ses souvenirs manquants, ou si elle se taisait pour nous protéger. Les cicatrices de Djesuppine sont restées sur la peau de son bras et ont fini par faire partie d'elle, comme sa bosse, une partie sur laquelle l'œil tombait inévitablement, tant leur découpe était sauvage. Mais cette marque sur le bras semblait lui appartenir moins qu'à Nennelle. Je n'ai pas su le voir à l'époque mais je crois que c'est à ce moment-là que quelque chose a bougé en elle, comme si, pour la première fois, elle était dépassée par elle-même, par ce qui pouvait arriver à cause d'elle, par ce qu'elle-même pouvait provoquer. Et le regard des autres, depuis, la renvoyait sans cesse à ça.

Les gens de la montagne la voyaient désormais avec trouble, elle était une rescapée, elle était une enfant, elle avait des dons pour parler aux bêtes mais elle ne savait pas s'en servir pour protéger les siens, pas tout à fait. C'était troublant, c'était comme s'ils venaient de découvrir les failles, l'humanité de ma sœur.

L'anniversaire des huit ans de Nennelle approchait et moi, pour son bout de terre, j'avais envie de lui offrir un olivier. Elle n'en avait encore jamais vu, ou mieux, elle ne s'en souvenait pas : les tout premiers mois de sa vie, c'était à l'ombre d'oliviers qu'elle dormait, j'avais des souvenirs très clairs de ça. Alors je me suis dit qu'elle pouvait en faire pousser un, que c'était la moindre des choses, en quelque sorte, et j'en ai parlé avec Ouittorye.

« Ça ne pousse pas à cette altitude.

— Je veux quand même lui offrir, on se débrouillera. »

Il m'a regardé. Ses yeux étaient sérieux mais sa moustache, elle, avait un coin relevé et disait sa curiosité. Il m'a considéré encore un instant puis il a hoché la tête.

Quelques jours plus tard, je l'ai vu charger sa voiture, il m'a dit sans même me regarder :

« On part demain.

— On va où ?

— Dans la ville de ton père. Je dois vendre tout ça. Tu cherches des oliviers, les meilleurs poussent là-bas. Nous verrons si quelqu'un est assez malhonnête pour te dire que ça peut prendre aussi ici à la montagne. On se lève tôt, il vaut mieux ne pas trop traîner ce soir. »

Je ne sais pas quelle tête j'ai faite, je me rappelle que je suis allé voir Nennelle et que je l'ai trouvée aux prises avec une récolte de vers de terre. Elle leur parlait, elle s'esclaffait de ce qu'apparemment ils lui racontaient, des potins sur les innombrables cousins qu'ils avaient là, dans le sol. J'ai eu peur de ne plus jamais la revoir.

La nuit, une partie de moi a dormi, je me souviens d'un sommeil court et entrecoupé, une autre partie était occupée à regarder se débobiner mes pensées agitées en spirale, à les observer accélérer, ralentir d'un coup, à s'épuiser dans la peur.

Nous roulions depuis une bonne demi-heure, les virages du pied de montagne étaient plus amples, l'air plus dense. Ouittorye regardait la route devant lui, parfois le paysage. Il a fermé sa fenêtre.

« J'ai longtemps hésité à faire ça, t'amener avec moi, te faire revenir dans ta ville. Je ne savais pas si c'était une bonne chose. J'avais peur pour toi. Je ne sais toujours pas si c'est une bonne chose, Faïel. »

Sans le vouloir, il avait prononcé mon nom avec un accent, comme si quelque chose dans sa bouche tirait déjà vers notre destination. Je regardais droit devant moi.

« Tu dois avoir des souvenirs, j'imagine. De ton enfance, de quand tu vivais là-bas. Tu vas reconnaître des lieux, Faïel. Mais les choses ont beaucoup changé dans ta ville. Il faut que tu le saches. Je ne t'ai jamais raconté.

« Après la mort de ton père, il y en eut d'autres, d'autres morts violentes. C'étaient encore des collègues, des amis de Samouèle, mais pas seulement. Tous tués par balle. Sur un pont, dans leur lit, près de l'usine ou sur le toit de maisons qu'ils n'avaient jamais fréquentées. La balle se frayait immanquablement un chemin dans leur tempe droite. Et elle était du même modèle que celle qui avait tué ton père, toujours. Ça n'avait pas de sens. »

Sur le bord de la route sont apparus des coquelicots, leur image s'est arrêtée à ma rétine, ma tête était ailleurs, elle essayait de se rappeler le visage de mon père. Rien ne venait.

« Il y eut des rumeurs. On parla d'un tueur en série, le mot était dans la bouche de tous. Le protocole était toujours le même et, au début, ceux qui mouraient étaient toujours, de près ou de loin, impliqués dans le départ de votre famille et l'incendie de la maison de Sara. Alors, tu imagines, certains dirent que Sisine avait trouvé le moyen de se venger, et qu'elle devait être aidée par ton grand-père Vitelarìnze, lui aussi disparu dans la nature. Ils devinrent les croquemitaines de la ville, tous les deux, les noms qu'on donna à toutes les ombres, les peurs des gens. D'autres dirent que la ville était frappée par une malédiction à cause de ce qu'ils vous avaient fait.

« Un sentiment de culpabilité gagna chaque foyer. En silence, les familles les plus soudées accusèrent tel ou tel voisin d'avoir été à l'origine de la violence. Alors seulement des gens osèrent prendre la parole et dire que depuis votre départ, ils avaient des rêves de fin du monde, des rêves récurrents dans lesquels le soleil ne se levait pas, ne se couchait pas tout à fait, des rêves où il y avait deux soleils et deux lunes au-dessus de leur tête. Ce n'était pas bon signe. Les morts continuaient à tomber, il commençait à y avoir des disparitions aussi, plusieurs garçons, plusieurs filles qui s'évaporaient d'une seconde à l'autre, au tournant d'un regard, dans la nature. »

Une voiture qui roulait en sens inverse s'est mise à klaxonner en nous croisant, le conducteur a agité ses mains à notre intention. Nous l'avons regardé passer sans comprendre ce qu'il nous voulait.

« À ce moment-là, la peur devint panique. Même si tout le monde avait sa théorie pour expliquer chaque détail de chaque mort, ils naviguaient à vue, et encore, il y en avait qui étaient juste sidérés. Puis, un jour, ils se réveillèrent et virent qu'aux portes de la ville se tenait une armée étrangère. Une immense armée. Dont la plupart des soldats empoignait des pistolets calibre 9. Une armée s'était dressée contre ta ville, Faïel. Tu imagines la scène ?

Une civilisation entière qui n'eut aucun mal à conquérir une ville privée de défenses et de ses jeunes les plus vaillants, qui avaient été éliminés au préalable, de façon chirurgicale.

« Certains essayèrent de résister, pendant trois jours. Ils dressèrent des barricades dans un seul quartier, le plus beau, le centre historique. Tu dois t'en souvenir. Avec ses ruelles étroites, où l'on est vite perdu, il donnait aux gens de la ville un avantage sur les conquérants. Parmi les résistantes les plus aguerries de chez vous se trouvait Sara, mon Faïel. L'amie de ta mère, tu te souviens d'elle ? »

Bien sûr que je me souvenais de Sara. J'ai hoché la tête, mais Ouittorye savait déjà, il n'a pas attendu ma réponse pour continuer son récit.

« Il y a beaucoup d'histoires qui racontent son courage. Elle est devenue une légende, Faïel. Au cours des années, on l'a peinte comme héroïne rusée et effrontée. On racontait, on raconte toujours en vrai, qu'elle bravait les balles en restant assise sur les barricades, lançant des insultes à la créativité débridée, à la drôlerie irrésistible. Un cocktail infernal, mélangé à sa beauté. Tu t'imagines ? Tu te souviens combien elle était belle, combien elle était forte, cette femme ? D'autres racontent que c'était une tireuse d'élite, que tous les soldats étrangers qui étaient tombés avaient reçu une balle signée Sara. D'autres encore qu'elle était la cheffe des résistants et qu'elle arrivait à les commander par le regard, non, attends, ils ne disent pas ça, ils parlent d'une sorte d'instinct télépathique qu'elle avait, oui, ils appellent ça comme ça, comme si son intelligence pouvait prendre possession de tous leurs corps et les faire bouger comme il fallait au moment où il le fallait et, en effet, je crois qu'il n'y avait pas six mille façons de s'en sortir dans ces moments-là. En tout cas, Faïel, grâce à elle, le quartier s'en sortait et résistait encore, incroyablement. Dans les rangs des soldats étrangers, c'était le grand étonnement, il y en a qui crièrent à la sorcellerie, leurs généraux essayaient de les raisonner et, impassibles, ils parlaient mouvements des troupes, encerclements, appuis, couvertures, débordements. Mais dès qu'ils se retrouvaient seuls, les chefs aussi se demandaient quel diable pouvait être à l'origine de ce bordel.

« Ça leur prit trois jours entiers, va savoir comment ça a pu durer autant mais tout le monde dit qu'il fallait avoir été là pour comprendre. L'armée étrangère vint enfin à bout du vieux quartier. La plupart des résistants choisirent de se rendre. D'autres non. Sara et trois ou quatre autres femmes armées tentèrent la fuite. Mais c'était sans compter la vitesse avec laquelle les nouveaux maîtres voulurent donner une leçon à leurs nouveaux sujets. Le vieux quartier fut rasé sur-le-champ. Des coups d'obus. Les conquérants annoncèrent qu'il resterait en ruines jusqu'à la nuit des temps. C'était là le "monument à l'idiotie de la résistance". Encore aujourd'hui, après des années les ruines sont là. Mais je m'égare… C'est cette histoire que j'ai racontée à ta mère le jour où je suis revenu pour la première fois.

« Le fait est que Sara et ses amies avaient disparu au moment de ces bombardements. Au début, la plupart des gens avaient voulu croire qu'elles avaient pu s'enfuir. Cette pensée les réconfortait pendant ces journées où ils voyaient tous leurs droits disparaître. Les étrangers n'y sont pas allés avec le dos de la cuillère, Faïel. Les gens n'avaient plus le droit de circuler librement, n'étaient plus maîtres de leur travail, n'avaient plus le droit de se réunir entre amis à plus de trois, d'aider celles et ceux qui ne s'en sortaient pas, plus le droit d'officier les rituels qui avaient appartenu jusque-là à la communauté – ils ne purent pas veiller les morts, ils étaient trop nombreux, ils durent les enterrer dans des fosses communes –, plus le droit de chanter des chansons d'avant l'invasion, plus le droit de parler la langue de la communauté en dehors des cours de langue étrangère qui allaient être enseignés dans les nouvelles écoles. Bref, pendant quelques heures, quelques jours, on voulut croire au bon sort de Sara et de ses amies résistantes et on s'inquiéta davantage de sortir les sœurs, les frères, les oncles de prison, d'en éviter l'exécution sommaire. Mais très vite on commença à sentir l'odeur. L'odeur… comment je parle. L'odeur de la décomposition. On se rappela les quatre ou cinq fugitives et vinrent les larmes. Mais il fallait les retenir, sous peine de recevoir les coups des soldats qui patrouillaient dans les rues. Et alors tout le monde se promenait avec ce voile liquide et tremblant devant les yeux. Celles et ceux qui arrivaient encore à jouer du langage appelaient ça la myopie des vaincus. Les animaux, chiens et chats de gouttière, commencèrent à rôder au milieu des gravats et un matin, un petit bâtard fut aperçu avec un tibia entre les crocs. Plusieurs affirmèrent avoir reconnu, encore accrochée au pied, la chaussure de Sara. »

Ouittorye a marqué une pause. Pour la première fois depuis le début de son récit, il cherchait ses mots.

« Tu sais, elles devaient se retrouver, je ne sais pas ce qu'elles s'étaient dit précisément mais elles s'étaient promis de se retrouver, ta mère et Sara. Peut-être que Sara aurait fait comme vous le voyage en voiture avec moi, peut-être que c'était ça leur plan. Je n'en sais rien. Ta mère ne m'a pas dit. Mais elles s'aimaient beaucoup, Faïel, je voulais que tu le saches. La mort de Sara, je n'aurais pas cru que ça pousserait Sisine à cette extrémité. Si j'avais su, je ne sais pas, Faïel, peut-être que je n'aurais rien dit. »

Il a posé sa main sur mon épaule. Nous avons regardé défiler la route un moment. Les terres que nous traversions étaient elles aussi chargées d'histoire. Nous avons discuté ensuite de la conduite à tenir une fois sur place : j'étais son neveu, je l'aidais dans ses tournées, je ne comprenais pas encore la langue locale et par précaution j'allais porter une casquette bien enfoncée sur mon front. Cela me permettrait d'observer tout le monde tranquillement et m'éviterait des ennuis : tous les gens de la ville étaient devenus des sujets et, étant l'un d'eux, j'aurais dû moi aussi me mettre au service des nouveaux maîtres. La peur m'a tétanisé. Comment les gens qui m'avaient vu grandir n'allaient pas me démasquer, me dénoncer ? Ouittorye m'a dit que cela faisait des années que je bougeais comme un montagnard, que ma peau avait changé d'épaisseur et de teint et que rien que les expressions qu'affichait mon visage auraient suffi à m'identifier comme étranger.

« Et puis tu sais, Faïel, tu appartiens à un monde qu'ils ont enterré depuis longtemps. »

Lorsque nous sommes entrés en ville, j'ai d'abord été frappé par des plaques dans la rue, sur les façades de certains bâtiments. J'y lisais des inscriptions dans une langue que je n'arrivais pas à identifier, qui recoupait certains éléments de celle de Ouittorye et d'autres de celle de mon enfance. Ouittorye s'est mis à traduire pour moi : «avenue de la liberté», «rue du 16 avril», «rue de l'église».

«Pourquoi ils ont fait ça?

— Qu'est-ce que tu veux dire par là?

— Mettre des plaques, donner des noms aux rues.

— Ah, ça. Je ne sais pas, Faïel, peut-être qu'ils n'arrivaient pas à s'orienter.

— Ça n'a aucun sens.»

Ça m'a rendu fou, je ne pourrais pas expliquer pourquoi. La ville était petite, deux centaines de rues, peut-être quelques dizaines de plus. Il n'y avait rien de plus simple que de s'y repérer, surtout si le vieux quartier avait été détruit. Je ne m'étais jamais perdu quand je vivais là, et j'étais un gosse à l'époque. Et puis nommer d'une seule et même façon la rue qui passait devant chez Saintorsole et celle qui repartait après la place du marché? Selon quel principe? Ça n'avait pas de sens.

J'ai remarqué aussi qu'à côté de chaque porte et chaque commerce étaient apparus des numéros. La belle enseigne en fer forgé du cordonnier avait été remplacée par un écriteau qui disait «cordonnier». Tout était comme marqué au fer rouge par la langue et la logique des envahisseurs. Ça faisait mal, ça cognait contre mes yeux.

« Faïel, tu m'entends ?

— Ce truc des plaques.

— N'y pense plus, Faïel. Ou alors si tu veux on en parle après. Maintenant sors, s'il te plaît, il faut décharger la voiture. »

J'ai mis les pieds sur les dalles de ma ville, je sentais qu'ils étaient gelés, transpirants. Je n'étais pas chez moi.

Une fois arrivés au marché couvert, nous avons préparé notre étal. Je regardais les visages et les corps qui passaient près de nous. Je connaissais tout le monde. Ça criait de partout, les vendeurs chantaient les louanges de leur marchandise, leur qualité extraordinaire, du jamais-vu, messieurs-dames, du jamais-vu. Ça dessinait des gestes dans l'air, ça faisait des blagues, des rimes, ça jouait sur les intonations. Ça déferlait de vie. J'entendais la langue de mon enfance et ça me mettait dans un état d'excitation pas possible. Personne ne me reconnaissait, je me demandais même s'ils me voyaient, tous.

Des personnes autrefois amies de mes parents venaient et m'adressaient la parole, je faisais mine de ne pas comprendre. Ils se tournaient vers Ouittorye, qui leur disait que j'étais son neveu, que c'était la première fois que je l'accompagnais et que je ne connaissais pas encore la langue. Tous acceptaient l'information sans broncher, parfois en disant des bêtises sur la comprenette lente des montagnards. Les seuls à laisser leur regard s'attarder sur moi étaient des gamins de l'âge de Nennelle. Je n'avais rien à en craindre, mais leur présence ici était curieuse. À mon époque nous ne traînions pas trop au marché. Les habitudes avaient changé. Autre chose aussi : lorsqu'ils parlaient, de temps en temps, les gens glissaient dans leurs phrases des mots que je ne connaissais pas et qui me mettaient dans les oreilles comme une musique nouvelle. J'ai compris qu'avec leurs bouches locales ils jouaient de la langue de l'envahisseur. J'avais beau essayer de résister : ce mélange de sons était d'une beauté irrésistible. Ça donnait envie de les imiter, je me suis dit que j'allais m'y essayer, avec Ouittorye, une fois dans la voiture, sur le chemin du retour.

Je remplissais des sacs, je les tendais aux gens, je travaillais. Mais je n'arrêtais pas de guetter si dans la foule il n'y avait pas quelqu'un de ma famille. Pour l'instant, personne n'était venu, j'étais un peu dépité, mais soulagé aussi.

Depuis que le marché s'était rempli, les voix des gens retentissaient dans mes oreilles comme si j'étais au centre d'une grande boule indistincte de sons. Puis d'un coup, comme s'il obéissait à un signal précis, le brouhaha est devenu moins fort, s'est transformé en murmure et a fini par glisser vers un silence quasi total. La vitalité des corps a suivi à peu près la même trajectoire en pente : les gestes sont devenus guindés et la plupart des gens se sont immobilisés, ou presque. Les seuls qui n'ont pas arrêté de courir étaient les enfants : ils sont allés s'installer un par un derrière les étals de leur famille et ils se sont assis sur une chaise qui – je l'ai réalisé seulement à ce moment-là – avait été mise là pour eux.

J'ai vu des gardes arriver, c'était presque un cortège. Ils étaient suivis par une dame qui portait des habits aux très belles couleurs, aux tissus chers, et par un homme que j'ai mis quelques secondes à reconnaître comme Taloud, le cousin de mon père. C'est qu'il y avait du blanc dans ses cheveux, près des tempes, et qu'il avait changé de gabarit, il était devenu plus costaud que dans mes souvenirs. Mais la façon qu'il avait de bouger restait celle d'avant, de quand j'étais petit, même s'il n'avait plus du tout la souplesse de l'époque. On aurait dit que ses muscles et articulations étaient comme soudés entre eux, en blocs épais. Mais c'était sans doute la comparaison avec la dame bien habillée qui me donnait cette impression : seuls les mouvements nécessaires à se déplacer étaient admis dans sa stricte discipline du corps, elle avait de l'allure, en quelque sorte. Alors que lui, Taloud, dispersait son énergie en mille gestes, en mille sourires inutiles, comme s'il peinait à lutter contre sa propre raideur.

« C'est la Présidente », m'a dit Ouittorye à l'oreille. J'ai enregistré l'information mais je suis vite passé à autre chose, parce que le défilé n'était pas fini. Derrière eux – dans des habits presque aussi beaux mais assortis de façon ridicule –, j'ai reconnu Resarye, la mère de Taloud. Elle était suivie de près par quatre ou cinq très jeunes filles décharnées qui traînaient des caddies. La voir m'a donné le tournis, j'ai dû me tenir à un étal pour pouvoir rester debout et sentir que j'avais encore mon corps, ma main. Mes pieds, enfermés dans leurs chaussures, baignaient dans la transpiration.

Le cortège a été vite à portée de mon oreille et j'ai entendu que Taloud parlait dans la langue étrangère. En approchant de tel ou tel autre étal, il vantait à la Présidente les mérites d'un fruit, d'un légume, d'un ustensile de cuisine. Puis il y a eu une scène qui s'est répétée un nombre de fois ahurissant. Taloud finissait son baratin, la Présidente s'adressait toujours dans sa langue à l'homme ou à la femme qui tenait l'étal. Les gens essayaient de lui répondre dans la même langue mais ça donnait un charabia incompréhensible : il y en avait qui bredouillaient des syllabes avec les yeux paniqués sans pouvoir passer à autre chose ; certains se mettaient à parler très fort et croyaient qu'en ajoutant des voyelles à la fin de leurs mots ce qu'ils disaient serait compréhensible et limpide ; d'autres encore restaient simplement muets, d'un mutisme un peu particulier, parce qu'ils ouvraient la bouche comme s'ils allaient parler et puis ils restaient là, à donner des coups de glotte, avec les muscles qui étaient tous tendus vers ce commencement qui ne commençait pas ; il y en avait aussi qui gardaient les lèvres fermées et légèrement tirées vers les oreilles dans un sourire de grenouille, ou qui se lançaient dans des phrases terriblement rapides, des véritables soupes de mots et de sons.

La plupart du temps, les hommes de la garde présidentielle éclataient de rire, entraînant avec eux Taloud et Resarye, ce qui poussait la Présidente – souriante, satisfaite, au fond – à leur faire signe de cesser. Elle s'adressait alors en grande dame aux petits assis à côté de leur famille derrière les étals. Les enfants répondaient avec plus ou moins de facilité et d'accent et elle, en retour, les félicitait, caressait certains visages, achetait des produits et leur faisait remplir des sacs qui étaient mis de côté. Un feu d'orgueil et de plaisir s'allumait dans les yeux des petits et se mettait à lutter contre l'image triste de leurs parents, oncles, tantes ou grands-parents humiliés. Taloud s'attardait souvent quelques secondes pour glisser aux malheureux :

« Il faut y mettre du tien, merde. Va à l'école du soir ! Je rêve ! »

Une fois qu'il était reparti, arrivait Resarye. Elle montrait la marchandise qu'elle voulait avec une sorte de rictus et indiquait avec ses doigts la quantité souhaitée – des kilos ou à la pièce ? je n'arrivais pas à comprendre mais les vendeurs se débrouillaient toujours. Parfois j'entendais des sons gutturaux qui retentissaient de son cou farci de bijoux. C'était tout. Elle avait un maquillage lourd mais il ne suffisait pas à cacher la moue de dégoût qui s'était imprimée sur son visage à force de longues années. Elle s'efforçait parfois de sourire aux jeunes filles qui l'escortaient. C'était grotesque. Les petites se débrouillaient pour regarder ailleurs, elles fixaient leurs yeux cernés sur ceux de l'assistance comme pour freiner toute envie de commentaire ou de geste compatissant. Les gens finissaient par regarder par terre, Resarye jubilait. Les insultes à voix basse fusaient.

J'avais l'esprit occupé par ce spectacle quand j'ai entendu près de moi :

« Jeune homme ! Jeune homme ! S'il te plaît… »

Devant l'étal, assise sur une chaise roulante, se tenait une énorme vieille femme. Son visage était celui de ma grand-mère Marisabède. Elle indiquait le sol devant elle.

« S'il te plaît jeune homme, mon sac est tombé, aide-moi à le ramasser, l'autre s'est éloignée et toute seule j'arrive tout juste à avancer. »

Je restais immobile. Ouittorye m'a donné une calotte un peu violente.

« Aide la dame, qu'est-ce qui t'arrive, je ne te paie pas pour t'endormir ! Désolé madame, il est nouveau, il ne parle pas votre langue.

— Merci, merci, jeune homme, ne vous en faites pas, merci. »

Elle avait pris quarante, cinquante, je ne sais pas, soixante kilos. Elle débordait de son fauteuil que je ne pouvais pas m'empêcher de regarder : il était renforcé à plusieurs endroits, rafistolé avec des bouts de bois et de plastique, du fil de fer, pour pouvoir soutenir toute cette chair. Elle a repris son sac sur les genoux, m'a remercié encore cinq ou six fois en souriant et a attendu son accompagnatrice pour repartir. Ça m'a laissé le temps de l'observer quelques minutes. Le seul semblant de vie qui circulait en elle se trouvait dans la partie haute de son corps. C'était comme si sa tête, ses épaules et ses bras étaient les seuls qui, dans cette carcasse, arrivaient à s'arracher à une force qui autrement avait tout pétrifié. Je me suis figuré un filet de sève qui se frayait un chemin laborieux dans ce corps minéral et qui essayait de remonter ses canaux étroits jusqu'en haut, comme s'il cherchait le ciel, la lumière. Sur son visage, il y avait un sourire éteint. Elle m'a fait de la peine.

Quelques minutes après, les voix se sont élevées à nouveau : en dehors de quelques vendeurs qui avaient recommencé à lancer les cris pour attirer la clientèle, toutes les conversations portaient sur Taloud et Resarye : « Quel culot ! Et nous devons nous taper ça chaque semaine ! T'inquiète, ils vont voir, quelqu'un finira bien par leur faire la peau. Mouais, dieu à cheval et sans escorte, c'est ça. Dites ce que vous voulez, Taloud a été plus malin que nous tous… nous, c'est la jalousie qui parle par nos bouches ! Jalousie de mes deux, oui ! toi tu dormirais tranquille après avoir léché le cul de ces ordures toute la journée ? Non, mais bon, même là je ne dors pas tranquille, alors tu vois… Je dormirais avec un drôle de goût sur la langue moi ! Des courbatures, hi hi hi. Sans compter le mariage… Ça fait quatre ans qu'on lui fait miroiter qu'il va marier la fille des Présidents et pour l'instant, que nenni ! Il fallait attendre qu'elle soit majeure. Et mon majeur tu le vois ? Il n'y a pas d'autres prétendants en tout cas. Il faut qu'il se dépêche, vieux garçon avec une position si importante… on pourrait croire qu'il y a d'autres raisons à son célibat… Hein ? Comme quoi il attend toujours le retour de Sisine. Et moi j'attends le retour du bâton. Ou alors il joue pour l'autre équipe… Quoi ? et depuis quand ? Si je vous dis qu'il va épouser la fille des Présidents ! Eh bien dans ce cas-là, elle crèvera avec la belle-famille. Que du vent, ça menace ça menace et puis ça bouge pas le petit doigt. Tu vas voir bouger ma main espèce de salaud, je me demande si t'es pas un sbire de Taloud, toi. »

Des gens se sont interposés pour éviter une bagarre qui, c'était évident, n'allait jamais avoir lieu. Les casse-cous ont été dispersés plus facilement que je ne l'aurais cru.

Le marché a repris son cours mais, après ce qui venait de se passer, je remarquais comment l'humiliation – pas uniquement celle d'aujourd'hui, elle devait être quotidienne – s'était glissée dans les corps de tout le monde, comment elle modifiait les gestes, les énergies des gens. Un mélange d'abattement et de retenue.

Les heures ont défilé, les unes après les autres, sans surprise. Nous n'avions fait une journée ni bonne ni mauvaise et, même si tout ça m'avait troublé, j'avais profité au maximum de ma couverture pour noter dans ma tête toutes les questions que je voulais poser à Ouittorye sur le chemin du retour.

Nous étions en train de remballer quand j'ai entendu une voix nous saluer dans la langue de Ouittorye. Je me suis retourné et j'ai vu Colin Saintorsole. Il avait l'air guilleret, il a embrassé une petite breloque qui était suspendue à son cou et il m'a tendu la main :

« Tu vas bien ? Pas trop dure la journée ? »

Je ne savais pas quoi faire. Il n'a pas attendu ma réponse et s'est approché de Ouittorye. Il n'arrêtait pas d'embrasser son pendentif.

« Un nouvel assistant, alors ? »

Ils ont commencé à parler entre eux dans la langue d'ici. J'ai soufflé. Ce n'étaient que des mots de convenance. Il ne s'était pas vraiment adressé à moi. À moi Faïel, je veux dire, au Faïel qu'il avait connu des années auparavant.

En huit ans, Colin Saintorsole avait comme rajeuni, son corps dégageait une énergie débonnaire qui ne correspondait à rien dans mes souvenirs. Ma mémoire d'enfant n'était peut-être pas fiable sur tout, voilà ce que je me disais. Mais je n'arrivais pas à me convaincre que ce n'était que ça. Il y avait autre chose : il détonnait dans la grisaille ambiante. Et plus je l'observais, plus il devenait une énigme. Il a continué à discuter avec Ouittorye pendant qu'on finissait de ranger, il se réjouissait du fait que ce matin il n'y avait pas eu d'accrochage avec les gardes, aucune arrestation, aucun passage à tabac, « C'est ce que j'appelle une bonne journée », a-t-il dit en embrassant son pendentif et en me faisant un clin d'œil, puis il est monté dans une voiture et nous a dit de le suivre.

Je fixais l'arrière du véhicule de Saintorsole qui roulait dans les rues presque vides, les gens devaient déjeuner à cette heure-là.

« Tes jouets, c'est lui », m'a dit Ouittorye.

Je ne comprenais rien.

« Le sac avec tes jouets, c'est lui qui me l'a donné. »

Le souvenir a jailli comme s'il n'attendait que ça. Je me suis entendu dire :

« Il sait qui je suis ?

— Non, tu es mon neveu, comme pour tout le monde. Il a trouvé le sac avec un papier à l'intérieur qui disait *propriété de Ouittorye*. Et comme le seul Ouittorye dont il avait entendu parler c'était moi, il m'a demandé si c'étaient mes affaires et j'ai dit oui. Tiens, c'est dans cette remise-là qu'il les a trouvés. Tu reconnais ? »

Tout concentré que j'étais sur la voiture de Saintorsole et sur les mots de Ouittorye, je n'avais pas vu que nous étions arrivés devant la maison de Sara. Ma gorge s'est serrée. La dernière fois que je l'avais vue, des flammes se levaient dans le ciel, ma mère était à côté de moi. Nous nous sommes arrêtés. C'est là que vivait Saintorsole. Les Présidents habitaient sa villa et lui s'était rabattu sur la carcasse de cette maison brûlée, laissée sans descendants. Veuf, destitué de l'usine dont il avait été patron, il avait pris le seul autre travail qu'il savait faire pour avoir vu son grand-oncle : pépiniériste.

« Ouittorye m'a dit que tu voulais offrir un olivier à ta sœur pour son anniversaire.

— Oui, monsieur.

— Il m'a dit que tu savais que ça risquait de n'aboutir à rien, à la montagne, je ne vais donc pas insister là-dessus. Je te propose cette variété, c'est celle qui supporte le mieux l'altitude. Ce plant a deux ans, il a fait ses preuves, si tu as une chance de réussir, c'est avec ça. Tiens, tu me diras si ça a marché. »

Ce n'était décidément pas l'homme de mon enfance. C'était quoi cette gentillesse ? Je l'ai remercié, j'étais exalté à l'idée de pouvoir faire ce cadeau à Nennelle et en même temps j'étais triste parce que je savais bien que l'arbuste pouvait ne pas survivre, là-haut, que c'était même le plus probable.

Nous avons bu un verre de vin, Saintorsole a tenu à l'accompagner avec du fromage, puis nous avons repris la route.

Nous avons roulé en silence vers la ville où nous allions vendre nos marchandises le lendemain, je regardais régulièrement le petit olivier dans le rétroviseur.

Notre tournée a duré une semaine. J'ai pu voir de mes yeux ce que m'avait dit Ouittorye : toute la région avait été envahie. Je m'en fichais, en vrai. Si j'avais pu, j'aurais passé mon temps à dormir. Mais il fallait travailler et bouger tous les jours. Ouittorye me parlait et je l'écoutais seulement d'une oreille, celle qui enregistrait les trucs pratiques, le reste je laissais filer. Le dernier jour de la tournée, je me suis retourné trop vite et je me suis bloqué le dos de la nuque aux omoplates. Ouittorye a dû démonter l'étal tout seul et je me suis senti nul.

Il avait les yeux pleins de pitié :

« Tu as traversé des jours difficiles. Ne sois pas trop dur avec toi-même, ça arrive, un faux mouvement. »

Nous avons fini par rebrousser chemin, enfin, on s'est mis en route pour rentrer chez nous. J'avais l'impression de sentir sur ma peau le frottement des roues sur le goudron et j'envoyais se faire foutre dans ma tête chaque kilomètre qu'on laissait derrière nous. « Ça va, Faïel ? » Je devais profiter du fait que c'était tout frais, alors je me suis mis à poser des questions sur Taloud, sur ma grand-mère, sur Saintorsole, sur mes amis d'enfance Tchan et Mængue, mais Ouittorye disait qu'il ne savait pas, pas tout, pas beaucoup. « Dis-moi ce que tu sais. » Taloud le dégoûtait, voilà ce qu'il y avait à dire, et sa mère encore plus. « Mais c'était qui ces petites filles qui l'accompagnaient ? » On les appelait les Orphelines, même si certaines d'entre elles avaient encore de la famille. Après l'invasion, elles avaient été prises en charge par Resarye. Elle avait fait passer ça pour un acte de charité. « En vrai, Faïel, je ne sais pas ce qu'elle leur fait mais ce ne sont plus les mêmes gamines. » Il m'a dit qu'elles faisaient bande à part et que c'était impossible de les approcher. J'avais la tête qui tournait. Je ne sais pas si Ouittorye l'a compris, mais il a changé de sujet. Il a commencé à me parler de Saintorsole qui, lui, oui, en effet, avait changé du tout au tout, j'avais vu juste. Ça s'était fait quelques jours après que son fils avait disparu. « Disparu ? » Il faisait partie de ceux dont le corps n'avait jamais été retrouvé, il devait être mort, comme tant d'autres. Les gens disaient que dans son deuil Saintorsole avait changé de caractère comme on change de chemise, qu'en gros il avait quitté le sien pour se glisser dans celui de son enfant, un jeune homme jovial, disponible, débonnaire. Ouittorye ne s'était pas vraiment posé la question. Tant de choses avaient changé, il avait trouvé cela agréable, c'est tout. J'ai demandé pourquoi il embrassait sans cesse la breloque dorée autour de son cou. C'était le symbole de la nouvelle religion importée par les Présidents. Saintorsole était devenu croyant. Apparemment c'était arrivé à beaucoup de gens, mais lui c'était l'un des plus fervents de la ville. J'ai demandé ce qu'était devenue sa femme et Ouittorye ne savait pas, elle était morte, oui, mais ils ne s'aimaient pas beaucoup, de toute façon.

Il savait davantage de choses sur ma grand-mère, il s'était renseigné pour nous. Ses jambes avaient arrêté de bouger depuis plusieurs années, mais il ignorait quelle était sa maladie. En tout cas, sauf de très rares exceptions – comme j'avais pu voir, le marché en était une : elle tenait à le faire parce qu'on ne choisit jamais aussi bien les légumes que par ses propres doigts – elle passait toutes ses heures de veille assise sur un banc, un vieux banc en pierre qui se trouvait devant sa maison, usé par la pluie, le vent et le soleil. L'image de ce banc a fait brutalement irruption dans ma tête. Je voyais bien, oui, Ouittorye pouvait continuer.

Marisabède se plaignait souvent d'être obligée de rester assise, elle était gênée par ses bras, ils pesaient sur ses cuisses. De temps en temps, sans qu'elle le veuille, ils se soulevaient tout seuls, ils restaient suspendus un instant, grands ouverts, puis ils retombaient sans vie, par pure gravité, sur les cuisses. C'était presque drôle à voir, mais non, Ouittorye ne l'avait jamais vue faire, tout ce qu'il me racontait là, on le lui avait dit. Ce qui était moins drôle, c'étaient ses pieds. Ils ne bougeaient plus du tout et Marisabède n'avait pas toujours le réflexe de se servir de ses mains pour saisir ses jambes et les secouer. Elle oubliait. Le sang peinait à circuler, c'était l'explication qu'on avait donnée à la couleur grisâtre de ses orteils, de ses chevilles. Le plus difficile à expliquer, c'était le phénomène par lequel ce gris se transmettait de ma grand-mère aux dalles noires sur lesquelles elle posait ses pieds. Tout ce qu'on savait c'était que quand cela arrivait, elle devait se résigner à passer la nuit dehors : il n'y avait aucun moyen de détacher les pieds du sol, comme s'ils appartenaient au même bloc de pierre. Ouittorye avait entendu dire qu'une fois ils s'y étaient essayés à dix, dix jeunes gens, sans y arriver. Un échec légendaire, après lequel on s'était contenté de sortir des coussins et une petite laine si la nuit s'annonçait fraîche.

Pour ce qui était de ses journées – de toutes ses journées –, son activité se réduisait à quelques gestes : lorsque quelqu'un passait, elle plissait les yeux et le regardait s'approcher, puis elle tournait lentement le cou jusqu'à le voir disparaître. Ce mouvement, pourtant simple, était systématiquement interrompu par un sursaut de douleur. Une tenaille lui tordait les muscles du cou. Marisabède soupirait, affligée, chaque fois que ça arrivait.

Elle n'était pas la seule à surveiller les passants. Une ribambelle d'autres vieux ridait la ruelle. « Comme des sentinelles, chacun occupe une position différente », Ouittorye m'a raconté le silence mâché des heures interminables pendant lesquelles les vieillards bougeaient à peine, il m'a expliqué que les seuls bruits qu'on entendait étaient le claquement des semelles des rares promeneurs et le petit fracas liquide des crachats qui pleuvaient sur les dalles. Ils avaient entre eux une espèce d'accord tacite, les vieux, ça les amusait beaucoup : certains après-midi, ils s'appliquaient tous à ce que les petites flaques à leurs pieds s'agrandissent, puis ruissellent jusqu'à former une flaque énorme et empestante : si c'était une bonne journée, elle pouvait occuper toute la largeur de la chaussée. « Un vrai exploit si l'on considère la chaleur qu'il fait dans cette région, Faïel. » Ils faisaient ça dans l'espoir de faire glisser ceux qui s'aventuraient jusque-là, les plus distraits, pour qu'ils tombent et se mouillent dans la flaque de salive. Quand cela arrivait, leurs lèvres s'étiraient en un sourire narquois, silencieux, aiguisé. C'était, à entendre Ouittorye, la seule vraie joie que s'autorisait ma grand-mère.

Je lui ai demandé si elle recevait des visites. Il y en avait qui parfois allaient voir Marisabède, oui, mais pas si fréquemment que ça. C'est qu'à ces occasions, elle en profitait pour se plaindre : de la mort de son fils, de la disparition de son illuminé de mari, de l'enlèvement de ses petits-enfants adorés. Il ne fallait surtout pas lui parler de ma mère, elle sortait le monstre si quelqu'un s'y risquait. Non, ne jamais la nommer. On racontait que si ni l'obésité, ni la solitude n'étaient venues à bout de ce roc pleurnicheur c'était parce qu'elle s'accrochait à la vie dans l'espoir de pouvoir l'étrangler de ses propres mains, la Sisine, si jamais elle osait pointer son nez en ville.

J'ai ouvert grand ma fenêtre, le paysage sec de la plaine défilait en bordure de route. J'ai dit à Ouittorye que j'avais hâte de retrouver Djesuppine et Nennelle. Il m'a dit qu'il comprenait, que lui aussi.

« Mais tu as le dos complètement bloqué, Faïel, il faut faire quelque chose, attends, attends deux secondes, attends-moi, je vais t'aider à sortir de cette voiture. » Les bras de Djesuppine. « Le pauvre Faïel, dis donc, regarde-moi dans quel état tu es. Tu vas arriver à monter tout seul ? Oui tu peux ? Tu me réponds ? Tu es sûr ? Alors d'accord, va dans ta chambre, je décharge avec Ouittorye ce qui reste à décharger et je viens te voir. »

Chaque marche que j'arrivais à monter me rappelait que j'étais cette petite chose souffrante qui ne pouvait même pas porter un carton léger. Sans la rambarde, j'aurais renoncé.

Personne pour me voir monter. Où était Nennelle ? Je me suis allongé sur le lit et c'était comme si je débordais d'énergie mais qu'en même temps j'avais trop mal pour en faire quoi que ce soit. Ça m'épuisait. J'ai été réveillé par Djesuppine qui appuyait sur mon bras.

« Il faut soulever le t-shirt, Faïel », elle s'est mise à se frotter les mains, « c'est pour les réchauffer, qu'est-ce que tu as à me regarder comme ça ?

— Comment je te regarde ? »

Elle a étalé sa pommade là où j'avais mal. Ses mains étaient chaudes, en effet, et ça, plus sa voix qui m'avait terriblement manqué, ça m'a donné envie de pleurer mais je me suis retenu. J'avais peur d'avoir encore plus mal et de pas pouvoir m'arrêter si je commençais. J'ai entendu les pas de Nennelle qui courait dans l'escalier puis dans le couloir. Je me préparais déjà à parler fort pour l'empêcher de sauter sur le lit et de me faire elle aussi mal au dos mais je n'ai rien fait de tout ça, je n'en ai pas eu besoin. Elle courait vers moi, c'est vrai, mais lorsqu'elle m'a vu, elle a arrêté net sa course et s'est mise à regarder ailleurs, comme si elle devait m'ignorer complètement, comme s'il y avait erreur sur la personne et qu'il fallait qu'elle dirige son attention vers autre chose – une poussière dans la chambre, par exemple –, pour éviter de montrer qu'elle s'était trompée, et pas qu'un peu, que ce n'était pas ça qu'elle s'attendait à voir. J'ai rougi, et je ne pouvais, je n'ai pu, rien faire, rien dire. Quelques secondes qui me semblaient ne jamais passer, puis Nennelle a été comme aimantée ailleurs, elle a quitté la pièce et n'est plus revenue de la journée.

« Elle a tapé un de ces scandales quand tu n'étais pas là ! », les yeux de Djesuppine riaient et s'écarquillaient encore plus que d'habitude.

Elle m'a raconté qu'on avait vu Nennelle monter à plusieurs reprises sur un frêne près du village et que ceux qui s'étaient intéressés à la chose avaient compris qu'elle construisait une cabane rudimentaire.

« Terési, qui passait par là, a osé lui dire "Ça va, la baronne perchette ?" et ta sœur lui a répondu "Baronne toi-même". Ta sœur ! à mourir de rire, Faïel… Tu sais bien comment elle est, Nennelle, quand elle est de mauvaise humeur. »

Ça arrivait rarement mais en effet c'était quelque chose, à chaque fois.

« C'est devenu presque une attraction ! Terési disait à tout le monde "Va voir la machine à réparties de la Nennelle"… Ça a été le défilé et tout le monde en a pris pour son grade. Et moi je suis sûre qu'elle ne sait même pas ce qu'est une baronne, ta sœur !

— Mais qu'est-ce qu'elle faisait ?

— Ce qu'elle faisait ? Elle est restée là-haut des heures, même après le coucher de soleil et je me suis dit que c'était normal, que c'était une de ses lubies à ta sœur, et tout le monde s'est dit la même chose que moi, je crois. Si j'ai ouvert les yeux c'est parce que Terési m'a dit "Elle ne va pas descendre de sitôt, la perchette, tu ferais mieux de lui apporter une couette", et elle avait raison parce que ta sœur a commencé à passer la nuit dans sa cabane. Je suis allée la voir et je lui ai dit arrête un peu, mais elle a hoché la tête et s'est remise à faire ce qu'elle faisait là-haut dans la cabane et je ne sais pas ce que c'était. Ta sœur, tu la connais, je la connais, jc mc suis dit que même si c'était une lubie, vu la tête énervée qu'elle avait, si je ne la laissais pas faire ce qu'elle avait envie de faire, deux jours après je l'aurais retrouvée encore plus énervée et avec dans la caboche une lubie beaucoup plus dangereuse. Alors je me suis dit que je pouvais faire mon gratin de pommes de terre, pour voir si elle descendait. "Ta gosse, là, elle y a pas touché à ton gratin, elle l'a filé aux chats", Terési me faisait la chronique. Je suis allée revoir Nennelle, "Je fais une grève de la faim", voilà ce qu'elle m'a dit alors que moi je n'avais pas encore posé de question. Moi j'entends ça et je reconnais la tête de mule. Là, avec toi, ça me fait rire, mais quand j'étais là-bas sous son arbre ça ne me faisait pas rire du tout. Et peut-être tant mieux parce que ma Nennelle n'avait vraiment pas envie de rigoler. C'était du sérieux et ça se voyait de très loin.

« Le deuxième jour, elle ne voulait plus voir personne. Il y a des gens qui ont voulu la raisonner, comprendre ce qu'elle faisait, avec beaucoup de gentillesse, et elle les traitait vraiment de tous les noms. Mais c'est vrai que je riais quand même un peu, parce que les gens faisaient de ces têtes ! C'est que Nennelle s'est mise à sortir des mots qu'ils n'avaient jamais entendu sortir de sa bouche. Des mots orduriers, comme ils disaient. Ils étaient quand même un peu vexés. Elle était tellement en colère, ta sœur, Faïel ! “Mais tu ne veux pas dire à ta Djesuppine ce qui se passe, petite ? Pourquoi tu ne dis rien à ta Djesuppine ?” C’était comme parler à un sourd d’un autre pays. Alors Terési est allée chercher Djuañi et s’est énervée contre lui parce que sa Nennelle à lui était en train de perdre la boule et qu’il n’était même pas fichu d’aller voir ce qui se passait. “Il n’y a que toi qui peux comprendre quelque chose à cette perchette.” Djuañi a écouté sa Terési et y est allé. Il s’est fait mordre l’avant-bras à pleins crocs par ta sœur mais au moins il ne s’est pas fait jeter du haut du frêne.

« Moi je regardais ça cachée derrière un arbre, et en vérité beaucoup de monde avait fait comme moi et il y en a même qui avaient sorti leurs jumelles, je te jure, mon Faïel. Là elle a juste esquissé son *ḷi ouo ḷi o houoï* et nous nous sommes tous fait chier dessus par une volée de huppes. Ça ne m’a pas empêché de rester, moi. J’ai vu que Djuañi avait apporté du vin – ce qui avait fait pousser un petit cri de désapprobation aux planqués – et qu’il en avait même proposé à notre Nennelle. Je me suis demandé d’où est-ce que ça lui venait un truc comme ça. Toi, tu sais s’ils font souvent ça, les deux perches, là ? Bref, sur le moment, j’ai décidé de rien faire, de rien dire, pour voir où ça menait. Nennelle a bu un bon coup et pendant qu’elle buvait : “Hé, dis, pourquoi tu fais ça ?” Elle a posé la flasque et elle a dit seulement “Ils doivent me le rendre”, puis, abrutie par l’alcool, petite comme elle est, elle s’est endormie comme une poire. J’ai tout de suite dit à Djuañi de la descendre pour qu’elle dorme dans son lit, mais comme il est loyal en plus d’être gredin, il a dit que “même pas en rêve”, qu’il allait dormir là-haut, et qu’il empêcherait toute traîtrise. Moi je me suis énervée mais Terési le défendait : c’était un homme de parole, c’est pour ça qu’elle l’avait épousé et tout le tralala. Le lendemain, les perchés dans l’arbre ont cloué une pancarte à la cabane “Rendez-moi mon frère !” Là, j’ai compris qu’elle avait fait tout ça pour toi, mon Faïel ! Tout à l’heure, elle venait de sa cabane, j’ai envoyé quelqu’un la prévenir de ton retour. Alors ne t’inquiète pas, je crois qu’elle est juste un peu sonnée. »

L’histoire m’a fait rire, j’étais rempli de fierté. Elle avait couru à ma rencontre. Et alors quoi ? J’ai passé le reste de ma journée à me demander ce qui s’était passé lorsqu’elle était entrée dans ma chambre. Qu’est-ce qu’elle avait vu ? Elle était effrayée ? Je ne savais pas dirc. M’avait-clle seulement reconnu ?

Un jour j'ai traîné au lit. Je suis resté allongé avec les yeux fermés jusqu'à ce qu'il n'y ait plus aucun bruit dans la maison. Puis je suis sorti de ma chambre.

Ce n'était pas comme d'habitude, j'avais l'impression que le silence flottait dans l'air comme le fait parfois le brouillard dehors. C'était une sensation très forte, sans doute aussi à cause de la lumière qui irriguait les pièces et à laquelle je n'étais pas préparé. C'était une lumière de début d'automne, presque orange. Je me rappelle qu'en marchant je sentais très clairement les matières que je touchais avec mes pieds nus : le bois du parquet sous le talon, les orteils qui s'enfonçaient dans les petits poils du tapis, le carrelage de la cuisine, tiède, et ce besoin d'aller explorer les endroits où tapait le soleil, de m'y attarder. Dans le salon – au fond de la pièce, juste devant la fenêtre – il y avait une partie du sol qui était particulièrement bien réchauffée, ça se voyait. Elle m'a donné envie de m'allonger par terre : je me suis dit que comme ça mon corps se réglerait à la même température que le bois et les meubles du salon. Je trouvais ça bien mais il n'y avait pas assez de place pour s'allonger où je voulais alors j'ai déplacé le fauteuil et la table basse. Il y a eu plein de poussières qui se sont soulevées dans la lumière. J'ai eu envie de les regarder tomber d'en bas, je me suis allongé très vite.

C'était une danse, qu'elles faisaient, les poussières, ça tournait dans plein de sens différents et c'était impossible de savoir d'avance où elles iraient. Je me suis mis à souffler de l'air, tout doucement, pour voir ce que ça faisait et pour que ça dure encore un peu. C'était beau, et pour une fois tout me paraissait lent, calme, pour moi seul.

Au bout de quelques secondes, ça s'est arrêté. Je pouvais tout sentir, à travers mon pyjama, je pouvais faire la différence entre les parties du plancher où juste avant se trouvait l'ombre des meubles – elles étaient plus froides – et celles qui étaient imprégnées par les rayons du soleil déjà depuis un moment.

J'ai gardé les yeux ouverts, il ne fallait surtout pas les plisser même s'il y avait de plus en plus de lumière dans la pièce. Ce n'était pas facile, les muscles autour me faisaient presque mal. J'avais l'impression de ne plus voir du tout, mais au bout d'un moment les muscles ont lâché et j'ai senti qu'ils cherchaient à toucher le parquet avec leur poids, comme s'ils voulaient rester là pour discuter avec les fissures, les craquements, se confondre avec eux.

Je suis revenu à moi-même quand j'ai senti que ma main droite devenait froide. Je l'ai regardée et j'ai vu qu'elle était prise dans une boule d'ombre. J'ai juste eu le temps de voir la silhouette d'une tête qui s'éloignait de la fenêtre. Nennelle ! ça y est, elle s'intéressait de nouveau à moi, à son frère changé. Elle était revenue. J'ai commencé à bouger les doigts de mes mains, mes orteils, puis je me suis étiré pour de bon, j'avais besoin de revenir au monde doucement, de ne pas quitter trop vite le bois du parquet. Je suis sorti pour aller voir ma sœur et je me suis fait réveiller définitivement par l'air frais.

Pas de Nennelle dans les parages. Je savais qu'elle m'observait cachée quelque part mais je n'ai pas voulu le donner à voir. J'ai bâillé, j'ai ouvert grand les bras, et j'ai laissé mon corps bouger un peu au hasard. Puis je me suis mis à regarder le vide autour de moi comme si j'étais en proie à des pensées profondes. Je posais, je me sentais ridicule, mais c'était hors de question que je me mette à appeler Nennelle comme j'avais fait les semaines précédentes, je ne voulais pas lui donner cette satisfaction.

C'est la chênaie qui est venue me sauver de la gêne que je ressentais.

Le soleil était encore trop bas pour se frayer un véritable chemin entre les arbres, on en voyait seulement des taches, la lumière et l'air restaient chargés de l'humidité de la nuit. J'ai marché pendant plusieurs minutes avant d'avoir la certitude que j'étais suivi. La maîtrise de Nennelle était impressionnante : ce n'était qu'au prix d'une énorme concentration que j'arrivais à entendre le craquement de ses pas derrière moi. Je me suis retourné, certain de la surprendre. Rien. Un rayon entre les feuillages éclairait un morceau d'arbre où des fourmis essayaient de reformer une file qui venait de se briser. Je me suis senti nargué. J'ai crié : « Nennelle ? » J'ai couru pour voir si elle était cachée derrière le tronc, derrière la piste des fourmis. Personne. J'ai recommencé à flâner, encore plus tendu. Je caressais les arbres pour me distraire, pour moins sentir le regard que Nennelle posait sur moi. J'ai pu entendre à nouveau le craquement de ses pas. J'ai fait comme si de rien n'était. Je ramassais des branches mortes et je les frappais mollement contre le sol, je les balançais assez vite en l'air. Sans le vouloir, j'ai ralenti. Je me sentais traqué, ça mettait mes nerfs à fleur de peau. J'ai entendu les pas s'approcher. Je me retournerais au tout dernier moment pour attraper Nennelle et rire aux éclats avec elle. Des bras forts m'ont saisi au niveau de la poitrine et du cou. Je ne pouvais plus bouger. J'ai été envahi par la peur de mourir assassiné par un inconnu plus grand que moi. Sa force réduisait à néant toutes mes tentatives de me dégager. Je n'arrivais même pas à me débattre. Avant même que je ne commence à crier, une main m'a couvert la bouche. Des larmes se sont mises à couler de mes yeux paniqués. J'ai entendu un rire grave, caverneux et j'ai senti mon corps tourner sous l'impulsion des mains de l'homme qui maintenant se tenait droit et souriant devant moi. C'était le garçon de la chênaie !

Ma peur s'est déversée en pleurs et en sanglots, puis j'ai senti venir quelques petits rires. Il m'a sauté dessus et nous nous sommes roulés par terre. J'étais si content de le voir ! Il a collé ses lèvres contre les miennes et nous nous sommes embrassés furieusement. Il m'avait manqué ! Où était-il passé ? Qu'est-ce qui l'avait retenu de venir me voir pendant tout ce temps ? Puis notre lutte a fini par m'accaparer tout entier, corps et pensées, et j'ai arrêté de réfléchir, de me poser des questions, d'essayer de me souvenir. J'ai été parcouru par des frissons et des secousses qui m'ont fait hurler de surprise, de chaleur, puis nous nous sommes calmés, nous avons choisi un jeune chêne et nous sommes montés tout détendus sur ses branches basses, puis plus haut, jusqu'à nous confondre avec le bois et les feuilles.

La journée devenait étonnamment fraîche. J'ai pu observer son corps. Il s'était épaissi et tendu sous la pression des muscles, il était couvert de mille petites cicatrices et laissait transparaître un calme que je ne lui avais jamais connu. Il venait de me ramener à la vie comme une gifle à pleine main. Je ne me lassais pas de le regarder. Il s'est retourné à plusieurs reprises vers moi, on aurait dit qu'il était surpris, presque agacé par mon regard. Savait-il seulement ce qu'il venait de faire ? Je ne crois pas, je sais juste que, moins étourdi que moi, il est venu me caresser le visage et qu'il a ensuite dévalé le tronc à toute vitesse. Je l'ai perdu de vue entre les arbres et je suis resté là comme ça, complètement sonné. C'était la première fois que je connaissais le corps d'une autre personne.

Les jours qui ont suivi nos retrouvailles, encore dispensé de travail à cause de mon dos, je suis retourné à plusieurs reprises dans la chênaie, il n'y était pas. Perdu, je me touchais en espérant revivre les sensations de notre rencontre. Ça ne me suffisait pas, ça ne ressemblait en rien à ce que j'avais vécu avec lui, alors je suis parti à sa recherche hors de la chênaie. Je passais mes journées à arpenter les bois, la montagne, en essayant de retrouver la trace de son odeur : elle non plus, elle n'était nulle part.

Pendant l'une de ces promenades je suis tombé sur une scène à laquelle je n'étais pas préparé. Je devais être à deux heures de marche de chez nous. Je venais de traverser une clairière et je m'apprêtais à m'enfoncer dans un bosquet de platanes lorsque j'ai vu Nennelle assise sur une branche. Elle avait le corps entièrement recouvert de plumes collées, reliées les unes aux autres. Je les ai reconnues tout de suite parce que, quand elle se promenait, elle passait son temps à en ramasser et, une fois à la maison, elle les rangeait dans une boîte en carton. Là, sous mes yeux, je les ai vues pour la première fois former un habit qui enveloppait entièrement ma sœur. Ce n'était pas beau à voir, vraiment pas du tout. J'ai même eu un mouvement de dégoût mais après elle s'est mise à bouger, à parler dans son déguisement emplumé en s'adressant aux dizaines d'oiseaux qui l'entouraient sur les arbres et qui chantaient, criaient, à la façon des oiseaux, avec des temps qui n'ont pas de sens pour nous, les humains. C'était une assemblée, visiblement : elle parlait aux oiseaux, les écoutait avec sérieux, puis riait, leur répondait, distribuait la parole, calmait les esprits. Elle était la présidente de séance, en quelque sorte.

J'ai voulu m'approcher davantage et j'ai fini par faire du bruit. Aucun oiseau ne s'est envolé. C'était quelque chose à voir. Ils ont tous tourné leur cou duveteux vers moi, aux aguets, mais après Nennelle a dit un mot qui devait être rassurant (quelque chose du genre « Ce n'est que mon frère, ne vous en faites pas »), ils ont retourné leur tête vers elle, qui a dû lever la séance (« On en rediscutera, c'est tout pour aujourd'hui, vous pouvez disposer »).

Certains sont partis sur-le-champ, d'autres sont restés là, à gazouiller encore un peu. Lorsque j'ai rejoint le pied de l'arbre, elle est descendue de sa branche – aujourd'hui, j'ai l'impression que sa chute a été adoucie par le plumage qu'elle portait, mais ma mémoire doit sûrement embellir la scène –, et elle m'a dit simplement « Ils trouvent que dans mon projet de parcelle il n'y a pas assez d'arbres fruitiers et qu'il faut qu'on répartisse dès à présent certains territoires, au moins pour le début. J'ai accepté mais ensuite ils vont devoir se débrouiller tout seuls. Pas d'humain ça veut dire pas d'humain. Je ne pourrai pas transiger sur cette règle. J'aurais l'air de quoi, sinon ? Tu es gentil d'être venu me chercher. Tu n'as plus mal au dos. Tu as fait une bonne promenade ? ». Elle a pris le chemin de la maison comme ça, couverte de plumes. Nous avons causé doucement le reste de la route. Le lendemain j'ai repris mon travail dans les champs.

Avec les enfants de son âge, ce n'était pas aussi facile pour Nennelle qu'avec les oiseaux. Elle était mal à l'aise et eux, je les voyais, ne savaient pas vraiment sur quel pied danser : ils ne savaient pas s'il fallait écouter sérieusement cette gamine qui impressionnait les adultes, ou s'ils pouvaient tout de même se moquer d'elle et de ses bizarreries. Je crois que Nennelle devait se sentir à l'écart, incomprise, par moments. Et si la plupart du temps elle trouvait refuge dans la compagnie des animaux, elle passait parfois des après-midi entiers seule, accompagnée par je ne sais quelles pensées, quelles émotions. Je la voyais, parfois, dessiner une marelle au sol et essayer, avec entêtement, de faire ses allers-retours sans tricher. Elle avait une intransigeance extrême envers ses cloche-pied, je la voyais recommencer encore et encore, maudire les traits de la case trois, regarder le ciel, désemparée, revenir en arrière, épuisée, puis quitter son terrain de jeu, pensive, inquiète. Conscient qu'à ces moments-là s'agitaient en elle des tempêtes d'une violence phénoménale, je ne me risquais pas à la taquiner.

Il existait pourtant une gamine qui n'avait pas de doute en présence de Nennelle. C'était Frangui, une petite fille qui avait quelques années de moins qu'elle et qui s'était récemment installée au village avec ses parents. En l'espace de deux ou trois semaines, elle s'était mise à suivre ma sœur partout où elle allait. C'était une enfant d'une faroucherie toute particulière : elle parlait à peine aux gens, se limitait à oser quelques réponses tâtonnantes lorsqu'on lui posait plusieurs fois de suite la même question, c'est tout. Le reste du temps, en présence des adultes, Frangui se taisait, passait son temps à entortiller ses cheveux courts derrière sa nuque.

Elle avait beaucoup moins de mal quand elle s'adressait à elle-même : elle le faisait à haute voix, le plus souvent par des bribes de phrases ou de mots simples comme « fougère », « croche-patte », qui ne permettaient pas vraiment de comprendre ce qui se passait dans sa tête. Aux côtés de Nennelle, elle se contentait de ponctuer les propos, les énormités de ma sœur, par des oui rapides et répétés, par des hochements de tête ou des clignements d'yeux.

Ses parents travaillaient tous les deux six jours sur sept et sans contrat dans une filature de la vallée voisine, à une bonne heure de route par beau temps et à presque trois heures lorsqu'il neigeait : que la petite, timide comme elle était, ait trouvé si facilement une amie, c'était inespéré, un cadeau du ciel, un soulagement pour eux.

Moi, j'étais content pour ma sœur. Elle était drôle, sa Frangui.

J'ai fait sa connaissance quelques semaines après avoir vu Nennelle habillée en oiseau, ça devait faire déjà deux ou trois mois qu'elle était arrivée au village. Ce jour-là, elle raccompagnait chez nous ma sœur qui marchait tranquillement, normalement même, si ce n'était la bouche qu'elle gardait grande ouverte, tendue, et les yeux qu'elle promenait, dépités, à droite et à gauche comme à la recherche d'accroches. Je riais déjà.

« Voilà, je suis venue jusqu'ici pour te dire que Nennelle ne peut pas fermer sa bouche.

— Ça, elle n'a jamais pu !

— Mais si qu'elle pouvait, elle l'a toujours fait !

— …

— Tu te moques ?

— Moi ?

— C'est pas gentil.

— Elle ne peut pas fermer sa bouche alors ?

— Elle n'y arrive plus, c'est bloqué, à ce niveau-là. »

Et la petite indiqua la mâchoire de Nennelle.

« Hmm. Je vois, je vois, et dis-moi, Frangui, comment elle s'est bloqué la bouche ma sœur adorée ? »

La petite semblait surprise que je connaisse son prénom. Nennelle, elle, a sorti une sorte de braiment de sa gorge comme pour empêcher le récit de Frangui, mais celle-ci ne semblait pas comprendre son amie :

« Ne t'inquiète pas Nennelle, je vais lui raconter. On faisait un de nos entraînements quotidiens… on est allées voir Popo de bon matin.

— Popo ? »

Nennelle, en plus de continuer à braire, faisait des grands non avec sa tête.

« Ben, l'ours de la grotte perchée.

— Il y a un ours pas loin d'ici ? »

Frangui m'a regardé pour savoir si je continuais à me moquer. Une partie d'elle a sans doute compris qu'elle avait mis les pieds dans le plat, mais il n'était pas question qu'elle perde la face.

« Ben, bien sûr que oui. Popo, tu le connais. Bref, et pendant qu'on se promenait à côté de Popo, moi j'avais pas le droit mais Nennelle lui tenait la patte. »

Ma sœur a levé les yeux au ciel mais Frangui était visiblement inarrêtable, ce jour-là.

« Oui, et il nous apprenait à ouvrir grand nos bouches comme il le faisait lui, pour avaler le plus de papillons possible. Comme ça, grrooom ! »

Frangui a imité le mouvement d'un ours debout, agitant ses pattes en l'air. Nennelle a tapé du pied par terre.

« Attends Nennelle, je refais, tu as raison, c'était pas encore ça. Grrooom ! Grrooom ! Et on mangeait des insectes, c'est un peu dégoûtant, mais je voulais pas fâcher Popo, qui était si gentil de nous montrer. On a continué un bon moment. Et là, j'entends un gros clac, et je crois que c'était sa bouche, parce qu'après elle n'a plus pu la fermer. Puis on a dû quitter Popo. Pendant qu'on rentrait, elle a même dû se mettre une main devant pour éviter d'avaler d'autres petites bêtes.

— Merci Frangui, c'était très éclairant. Et merci de l'avoir ramenée, on va s'occuper d'elle. »

Avant de remettre la mâchoire en place, le médecin m'a demandé comment c'était arrivé, je lui ai dit que Nennelle avait croqué dans une pomme. Nennelle m'a jeté un regard reconnaissant.

Je n'ai pas vu les semaines passer. L'anniversaire de Nennelle est arrivé très vite, elle a été folle de joie en recevant en cadeau sa parcelle de terre. Elle en riait, la bouche ouverte, puis nous regardait incrédule et nous rassurait : « Vous y serez quand même les bienvenus, je veux dire, au moins au début. »

Lorsque je lui ai présenté l'olivier que j'avais choisi chez Saintorsole, elle m'a transpercé d'un regard lucide. Son frère changé lui faisait cadeau d'une plante inconnue, il avait dû en voir, des mondes, des choses étranges pendant son voyage. Elle m'a remercié, amusée et méfiante. J'ai cru voir dans ses yeux qu'elle me regardait comme on regarde quelqu'un sorti de son chemin. Je n'allais pas m'en sortir comme ça, elle allait devoir m'étudier de près. Puis, comme oubliant d'un coup tout ça, elle a bondi vers moi et m'a embrassé la joue. « Cet arbuste te ressemble, Faïel, il s'appellera Fafa. »

Dans les mois qui ont suivi, elle profitait de chaque instant pour soustraire Djuañi au travail de ses vignes et l'emmener se promener sur sa parcelle de terre à elle. Son ami acceptait de bon gré, il lui disait quelles graines mettre à côté de quel arbre, les herbes qu'il fallait absolument garder ou enlever, il la convainquait du bien-fondé de déraciner telle ou telle plante pour qu'ils n'aient plus à y toucher.

Il lui avait dit que l'arbuste que je lui avais offert était un olivier, qu'il en avait vu à cette altitude, dans le temps, mais que c'était très très rare et que, s'il se souvenait bien, il fallait faire ceci et cela pour qu'il ne crève pas en quelques semaines, même si, bon, le maître

Faïel a bien choisi son plant, il a l'air solide. Il laissait à chaque fois Nennelle avec une liste de choses à faire incroyablement longue pour son âge et sa petite taille. Mais elle s'y attelait avec patience, obstination même. Elle faisait appel à des camarades, surtout à Frangui à vrai dire, à des animaux. La pensée de son amie aux prises avec ces travaux de forçat fendait le cœur de Djuañi. Il avait alors pris l'habitude de venir l'aider même lorsqu'il aurait mieux fait de soigner ses champs. Aux gens qui lui posaient la question, il répondait que sa vigne était adulte et qu'elle pouvait s'en sortir un peu toute seule cette année si elle voulait. La vérité était qu'il travaillait deux fois plus de temps. Terési l'aidait comme elle pouvait, travaillant elle aussi les heures où d'habitude elle se reposait, ça va, c'était pour Nennelle après tout.

Cela n'aurait donc pas posé de problème si l'été n'avait pas présenté son visage hostile fait de nuits froides et de journées chaudes et humides, ce qui, dans les vignes, signifiait de fortes chances de champignons. Ses grappes pourrissaient. Nennelle le lui avait fait remarquer. Djuañi avait dû espacer ses visites sur la parcelle de ma sœur, on l'avait vu mettre à contrecœur sur son dos un bidon rempli de soufre et de cuivre et s'approcher de ses plantes avec une petite pompe à la main pour asperger les raisins de ces produits qu'il n'utilisait d'habitude qu'avec grande parcimonie.

Au bout de quelques jours, il avait perdu son regard gai et son sommeil, il ne répondait plus aux appels des amis, on aurait dit qu'un essaim de nuisibles habitait sa poitrine. De sa maison, on entendait monter les cris de sa voix, puis de celle de Terési, puis les pleurs de leurs enfants. En boucle, pendant des heures et des heures. Puis, un matin, on ne l'avait plus vu sur ses terres. Il était allé voir ma sœur et lui avait dit qu'il était à son service pour le reste de la saison. Nennelle, qui était en train de faire de la cueillette, s'était arrêtée net, l'avait regardé. Djuañi lui avait encore dit qu'un millésime c'est l'histoire d'un an, alors que sa parcelle à elle était vouée à durer pour l'éternité, et puis ces saloperies de produits intoxiquaient le sol : s'acharner voudrait dire quelque part annuler le travail de plusieurs années, sans compter que ce serait fort contradictoire avec ce qu'ils étaient en train de mettre en place tous les deux ces dernières semaines. Qu'est-ce qu'elle ferait, elle, à sa place ? Elle l'avait pris par la main et s'était laissée conduire par lui dans ce qui allait devenir la parcelle de terre la plus sauvage qui ait jamais existé.

« Peut-être que tu pourrais donner une partie de ta récolte à Djuañi », m'avait dit Nennelle ce soir-là. J'y avais pensé, bien sûr, j'en avais déjà parlé à Terési : je m'étais même résolu à lui proposer une quantité qui lui permettrait de mettre en bouteille le vin de ses foudres et de les remplir à nouveau. Mais je savais d'avance qu'il refuserait : pour lui, il y avait trop de saletés chimiques dans mon raisin. Terési était du même avis. J'avais quand même voulu taquiner Nennelle.

« Si Djuañi est d'accord, je peux lui laisser mes vignes. Je viendrai avec toi et on travaillera dans la parcelle, comme ça on passe un peu de temps ensemble tous les deux. Qu'est-ce que tu en penses ? »

Nennelle m'avait regardé droit dans les yeux, elle prenait ma proposition au sérieux, elle avait réfléchi un temps puis m'avait répondu avec solennité :

« La vigne, c'est ta vie, Faïel, tu as besoin de passer du temps avec cette plante, elle te permet de respirer plus que ne le fait l'air. Les parcelles pour repeupler la vallée, ce n'est pas pour toi, et tu le sais. Lorsque Djuañi marche, les plantes bourgeonnent, les boutons fleurissent, tout devient fertile. Alors que toi, tu assoupis les terrains. C'est un don aussi, mais je n'en ai pas besoin pour l'instant. »

Je m'étais surpris à considérer qu'après tout, même si je ne savais pas pourquoi, elle avait raison.

Cette année-là, la récolte de Djuañi ne fut pas entièrement perdue. Nennelle avait eu d'autres idées – elle avait mobilisé certains de ses amis animaux – et elle avait fini par rameuter toute la vallée sur les terres de son ami : nous avions vendangé tôt, avec une rapidité à peine croyable et il avait pu avoir une quantité raisonnable de vin nouveau. Pendant ce temps, les plaisanteries habituelles avaient été suspendues, personne ne s'était moqué de ses méthodes fantasques et Djuañi en avait été ému aux larmes. Il avait pu se consacrer entièrement au projet de Nennelle. Ensemble, ils avaient redoublé d'efforts, la parcelle avait été préparée pour l'hiver, pour toujours, à vrai dire. « Maintenant il faut juste attendre que ça se transforme en forêt, Nennelle, les plantes sont plus intelligentes que nous, elles se débrouilleront ! »

Fafa l'olivier avait poussé d'une trentaine de centimètres et moi, je n'avais plus eu mal au dos.

Histoire de Frangui

Un an, deux ans peut-être ont passé, la vie dans la montagne était si rassurante que je l'ai prise en grippe. Les quelques tournées faites avec Ouittorye me donnaient de plus en plus envie de quitter ces lieux. Mais ce n'était qu'un sentiment vague, maintenant je le sais : au moment de m'imaginer ailleurs, je ne voyais rien, ni la silhouette d'une ville, ni l'ombre des gens qui l'habitaient, tout devenait opaque, je baissais les bras. Et puis partir où ? Pour quoi faire ? La même chose qu'ici ? Je me trouvais stupide de lutter comme ça avec moi-même. Je ne savais pas que l'occasion de m'arracher à la montagne allait bientôt se présenter.

La petite Frangui avait disparu, c'est Nennelle qui a donné l'alerte : elle ne s'était pas présentée au rendez-vous qu'elles s'étaient donné, elle n'était nulle part.

« Mais si, elle doit être quelque part, Nennelle. Tête en l'air comme elle est, elle a dû s'arrêter quelque part pour cueillir des pommes, ou roupiller, toi-même tu m'as raconté qu'elle s'endort comme ça, sans préavis, dès qu'elle pose ses fesses quelque part. » Ouittorye cherchait à rassurer ma sœur. Nennelle lui a répondu que non, que ce n'était pas possible, que leur rendez-vous était trop important et que Frangui ne l'aurait raté pour rien au monde. Et c'était vrai, c'était le jour où la petite allait, pour la première fois, visiter la parcelle de Nennelle qui était désormais inaccessible à tout le monde, famille comprise. Frangui rêvait de ce moment depuis longtemps. Je la comprenais, les plantes de la parcelle de Nennelle étaient luxuriantes, rien qu'en s'approchant on pouvait sentir une énergie vigoureuse, vibrante qui m'avait déjà donné le tournis à plusieurs occasions. Nennelle elle-même ne s'y promenait qu'une fois tous les cinq mois pour s'assurer que tout allait bien. Ce matin-là, elle avait décidé d'offrir à Frangui le privilège silencieux d'une promenade à ses côtés. Les yeux de Frangui avaient brillé, la veille : son absence ce matin ne rimait à rien, il devait lui être arrivé quelque chose.

« Ça ne fait qu'une heure que tu ne la trouves pas, Nennelle, n'exagère pas, elle viendra. Si ça se trouve ses parents l'ont amenée au travail avec eux, c'est déjà arrivé, non ?

— Oui, mais elle m'aurait prévenue.

— Ce n'est rien, Nennelle, elle va réapparaître, tu verras. Si ça te rassure, j'en parle aux autres au village. »

Tout le monde a été d'accord sur le fait qu'il n'y avait pas d'inquiétude à avoir, vraiment pas, la petite Frangui allait surgir au détour d'un chemin d'une minute à l'autre, nous allions pouvoir reprocher à Nennelle de toujours tout dramatiser.

Rien. La matinée est passée sans nouvelles, l'après-midi aussi. Le soir, ne trouvant rien de mieux à faire – il nous était impossible d'avaler le dîner – nous nous étions tous attroupés pas loin de la maison de Frangui, pour intercepter ses parents dès leur retour. Ils l'avaient déposée sur le chemin qui menait à la parcelle de Nennelle, à l'aube, quelque vingt minutes avant le rendez-vous que les deux petites s'étaient fixé. Ils ont blêmi en apprenant qu'elle ne s'y était jamais rendue. La battue a été organisée en moins d'une heure – les lampes et les bâtons avaient été sortis par précaution depuis l'après-midi – et elle a duré jusqu'à deux heures du matin. Ça n'a rien donné. Ma sœur refusait d'arrêter de chercher, Ouittorye a dû la soulever de force pour l'empêcher de partir toute seule dans la nuit. Elle a explosé de rage :

« C'est de ta faute, je te l'ai dit, ce matin, que ce n'était pas normal. Tu ne m'as pas cru, tu ne me crois jamais. »

Nous sommes rentrés à la maison le cœur lourd. Chacun est allé dans sa chambre, tous mutiques, de rage, de remords, de chagrin. Je ne pouvais pas me résoudre à m'allonger, je m'agitais, je parcourais l'espace qui allait du placard au lit, du lit à la fenêtre, sans pouvoir démêler les nœuds très serrés de mes pensées.

C'est seulement lorsque je me suis assis, les mains sur l'édredon, le regard vers l'ampoule en fin de vie, que j'ai commencé à entendre les petits bruits. Ça venait du toit. Un tapotement froid, la présence indéniable de quelque chose qui se promenait en toute impunité. C'était du côté de la chambre de Nennelle. J'ai tendu l'oreille. J'avais l'impression de voir de petites serres se déplacer sur les tuiles, les gratter, s'y accrocher. Ça n'arrêtait pas. Quelques battements d'ailes. Il devait y avoir foule, là-haut. J'ai ressenti soudain sur ma poitrine le poids de cette masse d'oiseaux qui lestait la maison. Je suis allé voir dans la chambre de Nennelle. Elle se retournait dans son lit, fiévreuse. Je l'entendais respirer fort, gémir, troubler le calme dans lequel étaient plongés les objets de la pièce. La lumière de la lune peinait à filtrer à travers les corps des oiseaux qui bouchaient la fenêtre. Des hiboux.

Je me suis approché de ma sœur et ils se sont mis à becqueter les vitres de la fenêtre. Ils allaient les faire exploser. Ça ne pouvait pas arriver. Je leur ai ouvert et ils ont déferlé partout dans la chambre, la frénésie de leurs ailes m'a figé dans la panique. Ils ont pris possession de l'espace, sentinelles lugubres dans la nuit. Leurs corps amortissaient les gémissements de ma sœur qui semblait ne s'être aperçue de rien. Ils bougeaient leur bec par à-coups, parfois ils soulevaient une patte, ils étaient là comme chez eux. Puis une chouette effraie a plané par la fenêtre et a posé son corps impressionnant près de l'oreiller, elle a regardé autour d'elle, a caressé le front transpirant de Nennelle avec le duvet de son poitrail. Les yeux de ma sœur se sont ouverts et se sont enfoncés, suppliants, dans ceux de l'animal qui semblait enregistrer tout cela quelque part dans sa conscience d'oiseau.

La chouette a tourné le cou d'un mouvement brusque et elle est repartie par l'embrasure de la fenêtre, suivie par une dizaine de petits hiboux. Les autres sont restés là. Nennelle s'est retournée vers moi, je suis allé m'asseoir sur son lit. Elle a retenu son souffle un instant puis elle s'est recroquevillée autour de ma taille. Elle tremblait. Mes mains se sont posées sur ses pieds froids et sur le haut de son dos, ça a eu l'air de l'apaiser.

Je ne sais pas combien de temps je suis resté assis comme ça. Ma sœur a fini par se rendormir. Les animaux me faisaient moins peur. L'aube devait être encore loin lorsque le premier d'entre eux a quitté la pièce comme s'il n'y avait plus rien à faire. Les autres l'ont suivi presque aussitôt. Ils s'éloignaient en nuées, poussant des cris quelconques.

Il paraît que les parents de Frangui ont été réveillés par les voix bruyantes de la petite foule qui n'arrêtait pas de défiler sur le chemin devant leur maison. Ils ont cru que le village repartait pour une nouvelle battue avant d'aller au travail. Ils se sont pressés de s'habiller pour les rejoindre. Une fois dehors, ils se sont rendu compte que la foule n'était pas là pour eux, qu'elle se précipitait vers la maison et les champs d'un voisin qui se trouvaient à cinq cents mètres de là. Des hordes d'oiseaux nocturnes défiaient la lumière du jour pour s'abattre en volées dévastatrices sur tout ce qu'elles trouvaient sur leur chemin. La bâtisse était la plus visée. Les vitres des fenêtres étaient éclatées, les animaux entraient et sortaient par centaines.

« C'est comme ça depuis le milieu de la nuit, j'ai tout perdu, à l'intérieur c'est plein de fientes qui rongent les meubles et le plancher à vue d'œil, je vous jure, et même là, vous voyez, ma récolte est foutue. »

Ses champs de blé, verdoyants jusqu'à la veille, étaient dévastés. Les fruits des cerisiers et des noyers gisaient au sol, irrécupérables. Les gens s'apitoyaient sur son sort, ils commençaient à dire que ça ressemblait à une malédiction, hier la disparition de Frangui, aujourd'hui ça, et demain quoi, alors ? Ça faisait peur. Des volées d'oiseaux de jour sont venues se joindre aux confrères nocturnes. Djuañi a raconté après coup qu'il n'écoutait que distraitement le défaitisme de l'agriculteur (« Il n'y a rien à faire, j'attends, ils partiront comme ils sont venus »), il regardait le comportement des animaux pour essayer d'en percer le mystère, « Ce n'était pas normal, Faïel, c'était clair qu'ils voulaient nous dire quelque chose, des hiboux en pleine journée, tu parles d'un signe ». Les yeux de Djuañi ont pu voir alors ce qui se passait un peu plus loin dans les champs : derrière ce déferlement de violence inouï, il y avait des oiseaux qui se promenaient calmement et qui venaient se percher confortablement autour d'une vieille remise. « Ça m'a fait penser à un autel, Faïel, je ne sais pas, c'était évident. » Djuañi a alors traversé les champs pris d'assaut, il tenait un bras levé au-dessus de sa tête pour protéger ses yeux. Les gens ont essayé de le retenir avec leurs cris, ils le traitaient de fou, mais il n'entendait pas vraiment ce qu'on lui disait, il marchait, et il a atteint la remise avec quelques coups de griffe sur sa peau, rien de plus.

Les oiseaux perchés là semblaient approuver sa présence. « Ça, c'est ce que racontent les gens qui m'ont vu, moi je me chiais dessus, mon Faïel. » Un lourd cadenas, tout neuf, fermait la porte de la remise. Djuañi a dessiné de grands gestes dans l'air pour faire comprendre qu'il avait besoin de la clé. Le propriétaire a dit qu'il ne l'avait pas, enfin, qu'elle était dans la maison, inatteignable. On est allé chez les parents de Frangui chercher une hache. Djuañi en avait déjà trouvé une derrière la remise. Il a cassé la chaîne et s'est retrouvé face à une Frangui debout, désemparée, la peau couverte d'ecchymoses. Il est sorti de la remise en la tenant par la main. Les gens se sont retournés pour regarder l'agriculteur. Il avait pris la fuite, courait au loin, désuni, c'était ridicule. Le cri d'une chouette effraie s'est fait entendre et les oiseaux se sont déchaînés par centaines sur son corps transpirant et tendu par la course. En quelques dizaines de secondes, il ne restait de lui que des chairs vives recouvertes de fiente.

Les parents de Frangui pleuraient, les animaux laissaient les lieux dans un tel état que les personnes présentes ont pu se demander si quelqu'un avait habité là au cours des dernières décennies, si ce qu'ils venaient de voir s'était passé pour de vrai. Le regard de Frangui, ses bleus, étaient là pour leur confirmer qu'ils n'avaient pas rêvé.

Je n'ai pas assisté à tout ça, j'étais resté près de Nennelle enfiévrée. Ouittorye est venu me rapporter l'histoire. « Elle est chez elle maintenant, elle dort, elle n'a pas dit un seul mot. » J'ai soufflé à l'oreille de ma sœur qu'on avait retrouvé son amie, qu'elle était à l'abri, qu'elle allait s'en sortir. Je ne sais même pas si elle a compris ce que je lui disais. La fièvre n'est pas partie, ne partait pas. Elle est même montée à l'approche du soir, a atteint des températures insensées pendant la nuit. Comme si les médicaments ne faisaient pas d'effet. Nennelle n'arrêtait pas de dire maman, maman. Djesuppine l'a laissée toucher les cicatrices de son bras. Nennelle s'y est agrippée de toutes ses forces, et elle continuait, inassouvie, maman, maman. Nous étions inquiets. « Ce n'est pas moi qu'elle appelle. »

Le lendemain matin on a su que pendant la nuit les oiseaux avaient rendu visite à trois hommes et une femme du village voisin, dont un collègue des parents de Frangui. Ils ont tous été retrouvés comme l'agriculteur, les chairs vives inondées de fientes. Nous n'en avons pas su davantage sur ce qui s'était passé, Frangui n'a jamais rien raconté. Il paraît juste qu'un quincailler a reconnu dans l'un des morts la personne qui lui avait acheté, pas plus tard que l'avant-veille, un cadenas du même modèle que celui trouvé sur la porte de la remise.

On a accordé aux familles d'enterrer les corps. Les funérailles ont été expédiées dans la honte. Les tombes ont été attaquées dès le lendemain : non pas par des êtres humains mais par un mélange de ronces et de rosiers venus les envelopper et retourner la terre en interdisant de s'y recueillir de trop près.

Lorsque Nennelle s'est rétablie, elle est allée chercher Frangui comme si rien ne s'était passé, comme si sa courte disparition et tout ce qui s'en était suivi n'avaient été que le fruit d'hallucinations causées par sa forte fièvre. Son amie, qui arrivait à peine à aller d'une pièce à l'autre jusque-là, l'a suivie comme elle l'avait toujours fait, peut-être un peu plus apeurée, un poil plus silencieuse, mais avec la confiance ferme qu'à côté de Nennelle rien ne pouvait lui arriver.

Notre inquiétude redescendait doucement. Petit à petit la vie semblait reprendre son cours naturel et pourtant, à présent, quelque chose de différent habitait ma sœur, nous habitait tous. Personne n'a voulu le voir.

Les semaines, les mois ont passé dans un état d'hébétude inconsciente. On a fait notre vie. Des migraines terribles s'abattaient régulièrement sur Nennelle. On les soignait comme on pouvait. On attendait qu'elles passent. On est arrivé comme ça au jour du dixième anniversaire de la mort de mon père. Mais ni moi ni personne autour de moi n'en avait une conscience précise.

Ce matin-là, j'ai été réveillé par une main chaude posée sur mon épaule. Le garçon sauvage était accroupi au chevet de mon lit, le jour pointait et ses yeux étaient deux lucioles qui brillaient. J'ai bu leur lumière. C'est elle qui m'a fait me lever et m'habiller, oublier mes chaussures et sortir dans le froid du matin.

Le garçon marchait devant moi et à son allure, à la détente de ses muscles, au rythme de sa respiration, j'ai su qu'il ne venait pas de se réveiller, lui, que sa journée avait commencé il y a longtemps. Dans ces pensées confuses qui me traversent souvent l'esprit les premières minutes de veille, j'ai cru savoir que mon ami ne dormait sans doute jamais, ou alors d'une façon qui m'était tout à fait inconnue, proche du sommeil de certains insectes ou de certaines plantes. J'étais perdu dans ces impressions lorsque j'ai senti mon cœur qui se resserrait, se faisait tout petit, suspendait ses battements. J'ai levé les yeux au ciel. Rien ou presque n'avait changé depuis que nous étions sortis. Le bleu, là-haut, s'était fait plus clair mais rien ne m'expliquait ce qu'entendaient mes oreilles. C'était la voix de maman, elle scandait des mots dans notre langue, celle d'avant notre fuite. Je ne les distinguais pas tous mais on aurait dit un poème, non, une comptine. Les sons s'élevaient dans l'air, l'enveloppaient. J'avançais vers eux.

Par-dessus l'épaule de mon ami, j'ai vu apparaître le champ du voisin de Frangui. À sa lisière, là où la veille se tenaient encore les arbres meurtris par les oiseaux, se dressait à présent un olivier au tronc immense, multicentenaire, qui capturait toute la lumière de l'aube. J'ai reconnu en lui les traits grossis de Fafa, l'arbre que j'avais offert à Nennelle. Il spiralait vers le ciel et resplendissait dans ses mille torsions comme un astre sur terre. À ses pieds, Nennelle se tenait assise, les jambes croisées. Elle était très pâle, serrait une branche de rosier qui saignait sa main. Sur ses genoux il y avait un arbuste tout jeune, qui venait visiblement d'être arraché à la terre, c'était un autre olivier, que je ne connaissais pas. La voix de ma mère sortait de la bouche de ma sœur. Son regard semblait dialoguer avec quelque chose d'invisible devant elle. J'ai voulu courir, me précipiter, mais mon ami m'a retenu. Il m'a fait signe d'écouter ce que chantait ma sœur. Maintenant je pouvais entendre distinctement les mots de sa comptine.

Ou mare yait hassekate, ou sôle yait mbousse
la pagye yïnde a l'akwe se ne vaffounne
ou kioumme sôpe a l'akwe vœ natanne

La mer a séché, le soleil est moite,
regarde dans l'eau s'effondrer la paille,
au-dessus de l'eau nager le plomb.

Ma nuque s'est tendue. Mon ami sauvage a hoché la tête, inquiet. Nous avons regardé dans la même direction que ma sœur, mais nous n'avons rien vu. Nous avons décidé de nous approcher encore et l'avons fait comme on s'approche d'un fauve, en fendant de nos pas l'espace dense d'un danger que nous ne connaissions pas. Nous avons entendu des voix convulsées derrière nous. Terési essayait de retenir Djuañi, qui courait, affolé, vers sa Nennelle. J'ai vu dans sa course l'avancée d'une flamme sur un long tracé de poudre. Je me suis demandé si ses entrailles n'allaient pas fondre sur place, se liquéfier. Lorsqu'il a été à trois mètres de ma sœur, il a semblé entrer dans une bulle, ses mouvements ont ralenti et semblaient répondre à ceux de la petite, être commandés par elle. Chaque balancement de tête de Nennelle rechargeait l'étrange ressort des gestes de Djuañi.

Terési, effrayée, s'est mise à crier en s'élançant pour sauver son mari. Quelques mètres avant lui, elle s'est retrouvée exactement dans la même condition, comment dire, hypnotique. Lorsqu'elle est entrée dans la bulle, Nennelle à la voix de ma mère a eu l'air de s'apercevoir de sa présence : sans s'arrêter de chanter, elle a regardé à peu près dans sa direction. Derrière nous, nous avons bientôt vu affluer le village entier, j'ai reconnu Ouittorye et Djesuppine. J'ai à peine eu le temps de m'inquiéter pour eux avant de sentir que mon corps, mon regard, tout mon être, étaient attirés vers Nennelle comme un aimant. J'ai disparu. Je me suis fondu en un Nous éveillé et mouvant.

Histoire des Bâtisseurs

La femme crut voir une aiguille de lumière au fond du boyau. Elle s'arrêta de marcher et éteignit sa lampe torche. L'aiguille avait disparu, sa rétine en gardait une trace. Son cerveau affamé et déshydraté commençait enfin à lui jouer des tours. C'était possible. Elle décida d'avancer tout de même vers la tache grisâtre imprimée dans son œil. Dehors, il pouvait bien faire jour, se rassura-t-elle. Mais il pouvait tout aussi bien faire nuit. Depuis qu'elle était sous terre, elle s'était couchée deux fois, réveillée deux fois. À part ça, elle n'avait fait que marcher et s'asseoir, chercher de l'eau. Si ça se trouve, elle ne faisait que tourner en rond. Si ça se trouve, il n'existait plus de dehors, elle était déjà morte et elle évoluait dans une espèce de monde transitoire où elle avait encore son corps, elle transmigrerait dans le véritable au-delà seulement plus tard. Elle eut l'impression que l'air était un peu plus chaud ici. Peut-être que la lumière entraperçue il y a un instant y était pour quelque chose. Elle s'empêcha de le penser. Mais cela ne suffit pas : son corps entier s'excita, accroché à cet espoir. L'aiguille lumineuse était un mirage, la galerie devant elle ressemblait en tout et pour tout à celles qu'elle avait parcourues les derniers jours. Des dédales inutiles où elle n'avait entendu que le bruit de ses pas et le bourdonnement sourd du silence lorsqu'elle ne bougeait pas. Mais là, une explosion en cascade de sons métalliques. Son pied avait touché quelque chose. La lampe torche éclaira une cage renversée et un sillon de petits os. Un oiseau était mort ici, à la mine. Victime du grisou, abandonné par les êtres humains qui avaient dû sortir en courant pour ne pas perdre la vie à leur tour. Y étaient-ils arrivés ? La femme eut peur de rencontrer leurs os aussi, couchés, en tas, polis par le temps. Le gaz pouvait-il la tuer encore maintenant ? Elle ne savait pas.

L'aiguille de lumière réapparut. Elle sut, cette fois-ci, qu'elle se trouvait près d'une sortie. Elle se mit à courir, préparant son corps à des centaines de mètres d'effort pendant lesquels elle allait voir s'agrandir par à-coups ce petit trou jaunâtre. Mais son élan fut arrêté bien avant. L'aiguille devint un bouchon de bouteille, un poing, mais ne se transforma pas en cette béance lumineuse de la taille d'un ours qu'elle avait préfigurée dans sa tête. Face à elle, se trouvait comme un éboulement d'énormes pierres aux arêtes vives, certainement le fruit d'une explosion. Des pierres impossibles à déplacer toute seule, affaiblie comme elle l'était, elle ne devait même pas y penser. Crier alors. Mais elle n'avait pas la moindre idée d'où elle se trouvait. Si elle était encore vivante, elle pouvait très bien être près de la ville, près des avant-postes de garde ; ses pourchasseurs pourraient l'entendre. Une ombre passa en coup de vent devant le trou de lumière. La femme tomba en reculant de peur. Sa chute retentit. Trop de bruit. Elle courut se cacher dans un angle mort. Au bout de quelques minutes, elle retrouva le rythme normal de sa respiration, détendit ses muscles, son dos était trempé : de l'eau suintait de la paroi rocheuse. Elle colla ses lèvres à la roche, se désaltéra. Elle s'assit et fixa son regard sur la fente lumineuse. L'espace s'assombrissait régulièrement, des battements d'ailes, des gazouillis se faisaient entendre. Une hirondelle ! Elle allait et venait, en l'espace de quelques minutes. Des dizaines, des centaines de fois. La femme n'en voyait que la silhouette, le mouvement, elle imagina les mousses, les racines, les plumes, qu'elle serrait dans son bec. Elle était en train de construire son nid.

La femme resta assise. Les sons du dehors, les allers-retours de l’oiseau, achevèrent de bercer sa fatigue et la plongèrent dans un sommeil profond.

Tchan fut content de voir qu'il y avait du soleil. Cela signifiait qu'il allait pouvoir somnoler en plein air, en profiter pour faire sécher ses habits humides, qu'il y aurait un peu d'animation. Cela faisait plusieurs semaines que sa tante avait été arrêtée et il n'avait toujours pas osé revenir dans le quartier où il avait grandi, où il aurait peut-être pu trouver de l'aide : il avait la certitude que, lui absent, quelqu'un forcerait la porte de leur maison et lui enlèverait la seule chose qui lui restait au monde, ce toit au-dessus de sa tête. Il n'en était pas question. Il restait donc dans les parages et donnait le change aux voisins qui s'étonnaient de ne plus croiser Bellonye, de le voir toujours traîner seul. Sa tante était partie voir de la famille dans une ville voisine, un peu précipitamment oui, rien de grave non, enfin, une grand-tante qui était à l'article de la mort, mais une très vieille personne, tout était dans l'ordre des choses, on s'y attendait en somme, c'était là de la charité la plus basique, nous ne sommes pas non plus devenus des bêtes sans cœur, oui, voilà, elle resterait à son chevet jusqu'à ce que ça arrive, c'était la moindre des choses, et lui ? lui, il s'en sortait oui, elle lui avait laissé des provisions, un peu d'argent, et il reprendrait bientôt le travail saisonnier, il n'avait besoin de rien, c'était vraiment très gentil.

Ce jour-là, Tchan était particulièrement content de pouvoir passer du temps à l'extérieur parce qu'il était de plus en plus conscient d'avoir sans doute fait une bêtise.

C'est que la nuit Tchan pleurait. C'était là la solution qu'il avait trouvée pour arrêter de se retourner dans son lit pendant des heures, pour défaire le nœud raide qui attachait son cœur à sa gorge, à sa mâchoire puis à sa nuque et qui, barrant la route au repos, rendait chacune de ses pensées militaire, harcelante. Pleurer, en d'autres mots, l'apaisait : s'il parvenait à verser ses larmes, il avait de fortes chances de se réveiller après le lever du jour. Tchan transformait alors son corps en déversoir avec une sorte d'endurance tranquille. Parfois l'émotion le dépassait et il se trouvait secoué par de véritables spasmes.

Ce fut justement l'une de ces fois, pendant le court instant de silence accordé à ses oreilles par son inspiration sanglotante, que Tchan avait entendu du bruit provenant de la cuisine. Son corps avait pris alors quelques secondes pour passer de l'impudeur du pleur à la tension de l'alerte : deux ou trois reniflements encore et le voilà aux aguets, quoique sonné. Les bruits persistaient. Quelqu'un devait être en train de fouiller les placards. Quelqu'un qui savait donc que sa tante Bellonye n'était pas là, qui était peut-être même au courant pour son arrestation, autrement il ne se serait jamais risqué à s'introduire chez elle. L'intrus n'était pas précautionneux. Il ne prêtait aucune attention au bruit qu'il faisait. Ce n'était pas un voleur expérimenté donc, mais sans doute n'était-ce pas un voleur tout court, qu'est-ce qu'il chercherait dans la cuisine ? C'était peut-être un affamé, la présence des envahisseurs en ville avait plongé une bonne partie de la population dans des conditions de misère extrême. Ou alors pire, ce n'était pas quelqu'un d'ici, c'était quelqu'un qui n'avait de comptes à rendre à personne, la maison se trouvait dans un quartier périphérique de la ville, c'était peut-être un vagabond. Tchan, lui, avait appris dès tout petit à feutrer ses pas comme il fallait pour ne pas être entendu. Il avait essuyé dans son drap ce qui restait de morve sous son nez et s'était laissé glisser dans le couloir. Les bruits s'étaient brièvement interrompus, Tchan avait appuyé son dos contre le mur près de la porte ouverte de la cuisine et était parvenu à maîtriser parfaitement sa respiration. Les bruits avaient repris aussitôt. Il avait alors passé avec une lenteur extrême sa tête dans l'embrasure de la porte et était resté interloqué : il ne voyait personne. Il avait eu envie d'allumer la lumière pour se débarrasser de ses angoisses et pouvoir crier haut et fort sa présence dans la maison mais quelque chose, il ne saurait pas dire quoi précisément, l'avait retenu. Il était donc resté à l'affût, les yeux et les oreilles grands ouverts dans la pénombre. Les bruits ne cessaient pas, ils venaient du plan de travail à côté de la gazinière. Il avait vu une tache noire se déplacer sur plusieurs dizaines de centimètres, rapide, il l'avait vue s'arrêter à côté de la miche de pain abandonnée sur la planche à découper après son dîner : depuis que sa tante n'était plus là, il ne rangeait pas toutes les affaires comme elle aurait aimé. Un bout pointu de la tache noire s'était hissé sur la miche et Tchan avait reconnu la silhouette d'un rat.

Le jeune homme décida à cet instant que, peu importe les efforts à fournir, il devait apprivoiser ce rat, le soumettre à sa volonté, en un mot, le dresser.

La femme fut réveillée par un criaillement. Une hirondelle, de toute évidence la même qui construisait son nid pendant la journée, se tenait à présent dans l'embrasure de pierre, à contre-jour d'une lumière froide, de pleine lune ou presque. L'oiseau tournait sa tête vers la femme, ne bougeant que très peu son cou, en saccades obliques. Elle se sentit appelée par l'animal. Elle voulut se relever. Tout son corps était engourdi, une grande brûlure au niveau de son ventre assécha son élan, la gravité la garda clouée au sol. Cela devait faire des jours qu'elle dormait. Elle parvint à soulever le bras gauche, à offrir le dos de la main à l'oiseau. Comme une invitation à s'y percher. L'autre la regarda encore quelques secondes, indifférente, puis se retourna, déploya ses ailes et s'envola. La femme baissa le bras. Elle ne se réveilla que lorsqu'elle sentit quelque chose bouger sur sa poitrine. L'hirondelle, qui lui becquetait la peau, s'arrêta pour la regarder. Un regard intense, appuyé. La femme eut l'impression que l'oiseau la connaissait. Elle baissa le menton, sa visiteuse devait avoir fait plusieurs allers-retours, car sur la toile de sa chemise se trouvaient maintenant plusieurs vers de terre, mouches et papillons de nuit inertes. L'oiseau attrapa un des insectes et le porta aux lèvres de la femme allongée. Les lèvres ne s'ouvrirent pas, se débattirent faiblement. Alors le bec essaya avec un des lombrics, la bouche s'ouvrit et mâcha. Deux, quatre, des dizaines de fois, jusqu'à ce qu'il n'y ait plus de vers et qu'il devint nécessaire d'aller en chercher d'autres. Le repas dura un temps sans temps, entrecoupé de sommeil et d'absence.

Tchan n'était parvenu à piéger le rat qu'au bout de trois jours. Il avait rangé les pièces, il avait traqué la moindre miette de nourriture en train de sécher sous les meubles et passé la serpillère. Puis il avait mis un bout de biscuit à l'avoine et des grains de blé à l'intérieur d'un seau aux parois bien lisses auquel on ne pouvait accéder qu'en empruntant une planche en bois. Sur cette planche étaient éparpillées de toutes petites bribes de pain. Les deux premières nuits, Tchan s'était glissé sous ses draps plus tôt que d'habitude, il avait éteint vite toutes les lumières et avait allongé sa respiration de façon à espacer le plus possible les battements de son cœur, les oreilles dressées. Il ne s'était rien passé, si ce n'était que, sans s'en apercevoir, le garçon s'était endormi pour la première fois la tête dans un oreiller qui n'était pas trempé par ses larmes.

La troisième nuit, il avait été réveillé par des couinements affolés. En bondissant hors de son lit, il s'était dit que sa tante Bellonye n'aurait pas du tout approuvé cette méchanceté gratuite : elle aurait préféré de loin tuer la bestiole pour s'en débarrasser plutôt que de lui imposer de tels effrois. Tchan s'était approché pieds nus du seau, excité d'avoir réussi, de disposer entièrement de cette petite vie stressée sous forme de rat. Il avait penché la tête pour regarder son nouvel ami. La bête avait eu un mouvement de recul et après un demi-tour sur elle-même, elle s'était tapie au fond du seau : aucune fuite n'était possible. Son ventre enflait et désenflait à une vitesse inconcevable. Le reste de son corps était immobile, elle espérait peut-être sortir du champ du visible.

Regardant le rat, Tchan avait eu envie de lui soustraire le peu de nourriture qui restait dans le seau. L'animal la cachait avec son corps. Le garçon avait alors presque fermé les lèvres et avait soufflé en cherchant à imiter le bruit du vent : de longues brises par lesquelles il espérait apaiser l'effroi de la petite bête. Il avait approché la main du seau avec une lenteur dense. Le rat avait semblé se faire encore plus petit puis il avait bondi d'un coup. L'attaque avait été esquivée de justesse. Dans les oreilles de Tchan s'était fait entendre, un très court instant, un étrange bourdonnement.

Une fois tous les trois ans, Saintorsole partait en pèlerinage vers l'église contenant les reliques les plus saintes de sa nouvelle religion. Le mois qui précédait son départ, son aura redoublait auprès des croyants de la ville, triplait auprès des croyants envahisseurs et décuplait auprès de la Présidente. Elle se targuait d'avoir une foi ardente et voyait dans ce gentil spécimen converti l'œuvre toute-puissante de son Dieu. Pendant quatre semaines donc, Saintorsole n'avait pas besoin de cuisiner, ni de faire ses courses, c'est à peine s'il pouvait travailler une heure d'affilée sans être interrompu par la visite d'un homme, d'une femme ou d'un enfant venus lui apporter des paniers de vivres ou d'offrandes. Les gens tenaient tout particulièrement à lui offrir des conserves, des fromages et de la viande sèche, des aliments facilement transportables qui pourraient l'accompagner le plus longtemps possible dans son pèlerinage de trois mois. Saintorsole, suivant les préceptes les plus stricts de sa nouvelle confession, accomplissait son voyage pieds nus, renonçant, sauf en cas d'extrême nécessité, à l'hospitalité des rares fermiers ou bergers qui se trouvaient à proximité de son chemin. Les donateurs pensaient que plus longtemps leurs denrées allaient accompagner le pèlerin – si elles pouvaient le restaurer près de l'église sainte ce serait parfait – plus ils recevraient de pardon, de compassion, de bienveillance de la part de ce Dieu auquel ils n'obéissaient qu'à moitié, voire seulement dans leur tête. Saintorsole les accueillait le sourire aux lèvres et mettait de côté, dans une boîte en fer, les petits bouts de papier pliés sur lesquels les gens avaient dessiné, écrit, ou fait écrire leurs prières, leurs vœux.

Son devoir, en tant que pèlerin délégué de toute la communauté, était de glisser ces vœux derrière la grille qui séparait les dévots de la sainte statue du Dieu martyrisé.

Les colons n'allaient pas jusqu'à se rendre chez lui, ils préféraient le rencontrer à l'église ou, pour les plus aisés, l'inviter à leurs soirées. Saintorsole se voyait obligé d'être de toutes les réceptions. Il s'y rendait accompagné de sa bonhomie, de son regard aimant, teinté d'une nuance de reconnaissance. Il était l'un des rares indigènes de la ville que l'on acceptât dans ces cercles. C'était pour lui l'occasion de regoûter aux produits de luxe auxquels il n'avait plus accès depuis l'invasion et surtout d'en goûter des nouveaux, bien plus exotiques, que ces gens faisaient venir de chez eux. Des fromages de vache, du vin de cépages inconnus qui avait vieilli un nombre considérable d'années, de la viande de perdrix, des œufs de cane. Et si les serveurs locaux regardaient toujours d'un mauvais œil leurs concitoyens conviés à ces soirées, ils réservaient à Saintorsole un traitement tout à fait différent : cet homme leur inspirait toute la sympathie du monde depuis qu'il avait perdu sa position, son argent et son fils, à un tel point qu'ils se demandaient s'il s'agissait bien du même homme ou si quelqu'un n'en avait pas remplacé le corps – certains avancèrent l'hypothèse toujours tentante et fallacieuse d'un jumeau gardé caché jusque-là –, ou l'esprit – d'autres parlaient alors d'une métempsycose toute particulière, par laquelle l'âme de quelqu'un d'autre aurait transmigré dans l'enveloppe humaine de Saintorsole avant la mort ; ils montaient des bâtiments d'argumentations farfelues pour prouver le bien-fondé de leur théorie : cartes astrales, teint de la peau changé, taille agrandie, et toute une liste de détails qui n'achevèrent jamais de convaincre qui que ce soit. Saintorsole n'était pas un mystère pour autant, il était une évidence à laquelle tout le monde se conformait, et avec une sorte de plaisir enjoué, qui plus est.

Cette année était toutefois différente des autres en ce que la Présidente allait, pour la première fois, organiser une réception dans la villa présidentielle la veille du départ de Saintorsole. Cela était peut-être lié aux événements des derniers mois : non seulement les disparitions avaient commencé à toucher des jeunes rejetons de son clan, mais dans la ville on assistait de plus en plus fréquemment à trois phénomènes qui à ce jour demeuraient inexpliqués et que les autorités en place considéraient, on ne savait trop pour quelle raison, comme un affront direct à leur pouvoir.

Le premier affront se manifestait par des épisodes acoustiques qui touchaient de plus en plus régulièrement la quasi-totalité des habitants de la ville. Il arrivait qu'en plein milieu d'une activité ou d'une conversation, les gens n'entendissent plus rien pendant quelques secondes. Chez certains cela se manifestait par une sorte de saturation du son, chez d'autres comme une pression exercée par une bulle d'air contre leurs tympans, chez d'autres encore comme un acouphène ou comme une note propulsée à un volume intolérable à quelques centimètres de leur tête. Il y avait aussi des chanceux pour qui c'était simple : il ne se passait rien du tout. Saintorsole faisait partie de ces derniers et regardait avec un haussement d'épaules pas très éloigné du scepticisme ce qui pour lui n'était rien de moins qu'une manie collective. Les cabinets d'oto-rhinolaryngologie furent pris d'assaut. Ce fut d'ailleurs grâce aux spécialistes de cette discipline qu'on put mesurer l'ampleur du phénomène et les détails de ses manifestations. On comprit assez vite que cela se produisait en même temps chez tout le monde, que la durée du trouble ne variait pas selon les individus, même si ses effets s'avéraient plus nocifs chez les uns que chez les autres.

Le nombre de cas de surdité bondit d'un coup, puis se stabilisa, les médecins généralistes enregistrèrent une augmentation significative des crises d'angoisses et les légistes une hausse du nombre de morts par anévrisme, prononcée mais cependant dans les limites de la norme. La fréquence du phénomène variait, mais on fut assez vite obligé d'admettre qu'elle allait s'intensifiant. De deux ou trois fois la première semaine, on était arrivé à huit fois par jour. Si d'un côté cela renforçait les inquiétudes des gens, de l'autre les spécialistes admettaient que c'était plutôt une bonne chose : cela leur permettait d'étudier plus aisément le phénomène. On vit, par exemple, que le vol des insectes était affecté aussi : au moment précis où le trouble attaquait l'ouïe des êtres humains, dans les essaims de mouches et moucherons se produisait un mouvement de recul collectif d'environ trois ou quatre centimètres, invariablement en direction du sud-est.

Tout cela était déjà assez inquiétant sans avoir besoin d'ajouter le deuxième phénomène, manifestement beaucoup plus outrageant pour le pouvoir en place : les rats mouraient. Il était impossible de faire plus de vingt pas sans buter dans une charogne fraîche de rat. Au départ, les envahisseurs crurent que les muridés – ils préféraient les appeler par le nom scientifique de leur famille de rongeurs – ne se trouvaient que dans leurs quartiers, et que leur présence était due à quelques indigènes insoumis qui avaient encore le courage de leur signifier qu'ils n'étaient pas les bienvenus en ville. On en trouva même deux dans le jardin de la villa présidentielle. Cela eut pour conséquence de pousser le Président à redoubler l'effectif des gardes nocturnes, à rallonger les services de surveillance, à promettre des primes à ceux qui arriveraient à attraper les effrontés, morts ou vifs. Les agents, la nuit, couraient derrière les ombres, se couvraient les narines avec des mouchoirs, finirent, au bout de trois jours, par porter un foulard d'ordonnance sur lequel ils faisaient tomber deux gouttes d'huile essentielle de lavande avant la prise de service.

Un garde, éreinté par ces nuits sans fin, convainquit l'un de ses collègues d'aller arrêter une petite frappe de sa connaissance pour la remettre au Président : ils toucheraient ainsi leur prime et peut-être qu'on les laisserait tranquilles au moins deux ou trois jours. Il ne disait pas cela pour lui, cela laisserait à tout le monde le temps de se retaper.

La petite frappe habitait une ruine à la frontière avec le quartier détruit. Ils enfoncèrent sa porte à la toute fin de la nuit, lui cognèrent la tête contre le mur, le mirent au sol en appuyant un genou entre ses omoplates et lui entravèrent les mains derrière le dos. Dans l'escarmouche, l'un d'eux avait eu son foulard déchiré. Lorsqu'ils sortirent de la ruine, le jour pointait et l'horreur du spectacle qui les attendait n'avait de pair que l'odeur de mort qui envahit le nez du garde sans foulard jusqu'au vomi. Sur les restes du vieux quartier, les rats s'étalaient par centaines.

Le fantasme de la peste hantait les esprits, flottait dans l'air. Cependant les vétérinaires furent catégoriques : pas de trace du bacille *yersinia pestis* ni chez les rongeurs ni chez les puces qui les accompagnaient. Leur mort, dans quatre-vingt-dix-sept virgule trois pour cent des cas, était due à un arrêt cardiaque. Il n'y avait aucun risque pour les êtres humains si on s'appliquait simplement à balayer aussi vite que possible ces charognes des rues et des locaux. Un écho à la une d'un journal suggéra en filigrane qu'il existait peut-être un lien entre la mort des rats et les troubles acoustiques. Son titre affichait « La mort *a cappella* dans le cloaque ». Y figurait le témoignage d'un enfant qui aimait flâner dans les tunnels des égouts et qui assurait avoir vu une cinquantaine de rats, une véritable meute, rendre leur dernier souffle tous ensemble en poussant un cri qui était plutôt une note, très juste, en vibrato, l'espace de deux secondes. L'enfant ajoutait qu'il avait entendu la note malgré le fait que le son dans ses oreilles se soit fait feutré à ce moment-là, à cause du phénomène qui sévissait dans la ville depuis quelque temps. Un jeune vétérinaire voulut prendre au sérieux cette nouvelle fantasque et confirma, entre les murs de son cabinet, que la fibrillation articulaire précédant de quelques secondes l'arrêt cardiaque chez les rongeurs survenait en même temps que la baisse de l'audition chez les humains. Concernant les rats et leur prétendu talent de chanteurs, il préféra s'abstenir de tout commentaire de peur que sa crédibilité en fût compromise. Saintorsole avait confié à l'un de ses coreligionnaires que cette hécatombe était d'après lui une punition envoyée par Dieu sur leur ville mais, questionné davantage, il n'avait pas voulu s'épancher sur le sujet.

Le troisième phénomène outrageant, tout récent, venait de faire son apparition : deux petites semaines avant le départ de Saintorsole, à la tombée de la nuit, les habitants de la ville découvrirent que tout un pan du ciel, au nord-ouest, restait éclairé malgré l'absence de lune et de soleil. Le Président, sur les nerfs, avait envoyé une salve de soldats en reconnaissance : en voiture, en blindé, à cheval et à pied. Le monde marchait sur la tête, on n'est jamais trop prudent.

En ville, l'heure n'était pas encore à la panique, mais on pouvait tout de même sentir un fort affolement du côté des envahisseurs, une hypocondrie certaine du côté des indigènes. La Présidente, elle, était habitée par la conviction que le pèlerinage de cette année les protégerait de ces malheurs et mauvais présages. C'est pourquoi le pèlerin Saintorsole devait recevoir un traitement d'honneur. Elle l'avait prévenu trois jours avant de la réception dans la villa présidentielle alors que les autres invités semblaient être au courant depuis longtemps. C'était la première fois que Colin Saintorsole se trouvait à devoir revenir dans son ancienne maison. En l'apprenant, une ombre orageuse traversa son regard.

Pendant une bonne semaine, la femme demeura l'oisillon de l'hirondelle, qui apprit à mieux cerner ses goûts, à lui apporter des cerneaux de noix, des champignons, des baies, des fruits, en plus des lombrics. Au bout de huit jours, elle put se remettre debout, au bout de douze jours elle pouvait à nouveau marcher sans se fatiguer. Le quinzième jour, l'hirondelle pondit son premier œuf.

La femme choisit l'espace près du trou comme base pour ses explorations : elle pouvait s'y approvisionner en eau et l'hirondelle était sa seule source de nourriture, sa seule amie. Elle cherchait d'autres sorties. Elle marqua au charbon chaque bifurcation qu'elle prenait pour être sûre de ne pas se perdre à nouveau. Le premier jour elle fut précautionneuse, ne s'éloigna que de très peu et revint rapidement à son camp de base. Elle ne savait pas combien de batterie il restait dans sa lampe torche.

En l'entendant revenir, l'hirondelle montra sa silhouette au trou et criailla. La femme s'approcha et lut dans les yeux de l'oiseau qu'elle ne devait pas bouger de là. Il fallait quelqu'un pour surveiller son nid. L'hirondelle revint plus rapidement que d'habitude, ramena ce qu'elle trouva, deux graines de courge, et se réinstalla au-dessus de ses œufs. La femme mangea les graines, s'assit et patienta. L'oiseau ne bougea plus. La femme était troublée. Elle réfléchit à la façon de procéder dans cette situation. Sa survie, son alimentation passait au second plan dans l'esprit de l'hirondelle, maintenant qu'elle avait une couvée. C'était naturel. Elle se dit qu'elle allait attendre encore et voir comment allait se comporter son amie oiseau au cours de la journée.

Après cinq, six heures où il ne se passa rien, l'animal remontra sa tête dans l'embrasure de la roche, fit se relever et approcher la femme et repartit ailleurs. La femme avait très faim. Elle se surprit à évaluer la distance entre le trou et le nid. Les œufs étaient peut-être à portée de son bras. Elle colla sa tête contre le rebord du trou et essaya de vérifier son intuition. À vue d'œil, ça devait pouvoir se faire. Elle recula et resta figée debout pendant de longues minutes, sans penser à rien. Sa respiration s'accélérait, ralentissait. Son amie revint, lâcha une boule écrasée d'insectes et se précipita sur son nid. La femme décida de lui parler pour la première fois.

« N'aie pas peur. Je protégerai tes œufs. J'ai faim, j'ai besoin que tu ailles me chercher à manger, je n'ai que toi. »

L'hirondelle ferma les yeux.

La femme s'énerva. Prit une pierre et la lança contre une des parois de la galerie. Le choc retentit faiblement. Elle prit une autre pierre et essaya de casser la roche autour de l'ouverture mais elle était trop dure. Elle cria du bas du ventre. L'hirondelle gardait les yeux fermés.

« Tu es ma seule amie, je t'en supplie. »

Cette nuit-là, elle dormit à peine, ravagée par la faim. Lorsqu'elle se réveilla, l'embrasure qui la reliait à l'extérieur était presque bouchée par un tas de nourriture : insectes, fruits, champignons, fruits secs. Elle se précipita dessus et mangea en regardant l'hirondelle qui semblait ne pas avoir bougé du tout. « Merci. » Elle avait les larmes aux yeux.

Les jours qui suivirent, son seul repas de la journée fut assuré à son réveil. Elle s'y adapta.

Dans ses explorations des galeries sous terre, la femme trouva une paroi de roche qui, d'après ses calculs, était orientée elle aussi vers l'extérieur. Elle semblait faite de dépôts plus friables.

La femme entreprit de creuser. Elle eut l'impression que plus elle creusait, plus l'air devenait chaud. Mais elle ne savait pas si c'était à cause des efforts dépensés ou de la proximité du jour, de l'extérieur.

Plantés sur les colonnes de la grille de son ancienne maison, deux drapeaux pendouillaient paresseusement, comme pour dénoncer l'absence de vent dans ce matin gris, aux nuages lourds de pluie. L'image foudroya Saintorsole, il sentit les deux mâts des bannières s'enfoncer près de ses omoplates comme des ailes qui ne peuvent plus servir. Il détourna la tête dans l'espoir de chasser cette sensation et pressa le pas en empruntant l'allée qui montait vers le porche et le petit escalier en pierre. Elle avait été minutieusement goudronnée afin d'accueillir les voitures sans les salir. Elle avait aussi été consciencieusement nettoyée de tout nuisible : ici, pas la moindre trace de rat.

Un de ses anciens employés vint à sa rencontre, silencieux, pour l'escorter jusqu'à l'intérieur. Saintorsole avait eu peur de revenir chez lui, il ne savait pas trop de quoi, précisément. Certains disent qu'en franchissant le seuil de la villa, il craignait d'y retrouver son fils disparu, ses traces, les souvenirs de son enfance. Mais rien de tel ne se produisit chez l'ancien maître de maison, rien de tel, à vrai dire, n'aurait pu se produire. Les vieilles dalles en pierre calcaire que sa famille foulait et déformait depuis plusieurs générations avaient été recouvertes, ou remplacées, il ne savait pas, par un sol en marbre parfaitement plat. Les murs, autrefois irréguliers et blanchis à la chaux, avaient été aplanis par des couches d'enduit afin d'accueillir plus facilement des meubles bien carrés et colorés, qui étaient remplacés tous les ans et qui semblaient sourds à la vie, à ses vibrations. Saintorsole n'était pas chez lui, ne reconnaissait rien. On raconte que cela acheva de le calmer. Il entra dans ce qui était devenu la salle de réception de la maison. Une trentaine de personnes se tenaient là, habillées pour cette matinée comme pour une soirée de gala, ou presque : les femmes montraient des pans de peau que d'habitude elles dérobaient au regard des hommes, les hommes portaient des chemises dont les boutons avaient le plus grand mal à faire tenir ensemble deux bouts de tissu trop tendus par les ventres. Quant à leurs chaussures, dans la difficile balance entre esthétique et confort, tous avaient privilégié la première option. Leur maintien en souffrait. Ils avaient mal aux pieds. Certains portaient des bouchons d'oreilles assortis à leurs habits. Chaque main tenait un verre rempli d'alcool.

Lorsque la Présidente vit Saintorsole, elle s'exclama « le voilà ! » avec un enthousiasme qui dépassa de plusieurs crans le brouhaha ambiant. Les torses et les têtes se tournèrent vers le pépiniériste, des sourires généreux et condescendants s'adressaient à lui. La Présidente avança en faisant froufrouter sa robe vert émeraude, le prit sous son bras, « Voilà notre pèlerin », et elle le conduisit vers l'attroupement de sourires. Ils passèrent devant Taloud, qui se tenait à côté de son épouse, la fille du couple présidentiel. Il ne put s'empêcher de toucher le coude de Saintorsole et de lui glisser à l'oreille « Bravo, tu fais un peu partie de la famille, maintenant », ce qui fit frissonner le pèlerin. Il repéra dans la salle Resarye et deux ou trois Orphelines. Avec la Présidente, ils s'arrêtèrent à côté d'une table couverte de verres et de petites assiettes derrière laquelle se tenaient deux employés bien droits dans leur uniforme. Il remarqua que sur les flûtes de champagne était collé du scotch en papier : il en faisait le tour, laissant à peine le centimètre nécessaire pour que les lèvres rencontrent le cristal.

« Cher Colin », c'était la première fois que la Présidente l'appelait par son prénom, certains comprirent que c'était le moment d'enlever leurs bouchons d'oreilles, « il nous est difficile de vous dire combien nous sommes fiers de voir que la foi a pu se frayer un chemin dans cette communauté. Qu'elle a pu convertir à la bonté, au salut, des âmes jusque-là noyées dans la pénombre, dans leurs plus bas instincts, dans la soif de petits pouvoirs. Vous êtes un exemple pour vos concitoyens et – je le dis en dehors de toute rhétorique, croyez-moi – j'espère que bientôt les miens aussi s'inspireront de vous. Oui, vous avez bien entendu. Je ne mentirai pas, mon scepticisme était grand lorsque nous nous sommes installés ici. Monsieur le Président, mon mari, peut en témoigner. » Le mari hocha la tête et leva légèrement son verre. « Je voyais tant d'âmes perdues, tant de rites voués à des faux dieux que je pensais que plusieurs générations seraient nécessaires pour mener cette contrée sur la voie lumineuse de notre Seigneur. Vous m'avez démentie. Je ne crois pas au hasard, je crois que Dieu vous a mis sur notre chemin pour nous aider à racheter les quelques centaines de… »

Quelque chose détourna l'attention de Saintorsole du discours de la Présidente. Les murs de la salle étaient parsemés de vitrines. Elles contenaient des objets d'une banalité effarante : un plat en terre cuite qui aurait eu sa place dans un four, en cuisine, des ciseaux de travail, un soc. Il ne comprenait pas. Il cherchait autour de lui, sur les visages des gens qui lui souriaient, les raisons fantasques de cette mise en scène. Il n'en trouva aucune et se perdit en mille conjectures. Il fut ramené à la réalité par une petite fille blonde qui, poussée gentiment par le Président, venait vers lui, l'écharpe tricolore en bandoulière, lui tendant un coussin sur lequel étaient posés deux objets qu'il n'arriva pas à identifier tout de suite.

« … c'est pourquoi, cher Colin, nous sommes fiers de vous remettre ce Dieu en or, moulé à partir des anciennes idoles que certains de vos concitoyens ont bien voulu nous remettre, et à partir aussi de trésors dont monsieur le Président nous a gentiment fait cadeau. Je vous confie également », elle marqua une pause et serra les yeux, son audience fit de même, certains portèrent leurs mains aux oreilles. Le phénomène acoustique dura à peine trois secondes. La Présidente, sonnée, jeta vite un coup d'œil à son verre, aux vitrines fixées aux murs, ébaucha un sourire, puis reprit en essayant d'ignorer la tension qui habitait les muscles de ses tempes, de sa mâchoire : « Je vous confie également ce livre sacré, je suis sûre que vous le garderez précieusement, il a appartenu à mon arrière-grand-mère, une femme d'origine modeste, très pieuse, qui n'a jamais pu partir en pèlerinage. Elle serait ravie d'apprendre qu'une partie d'elle fera le voyage avec vous. Mais j'ai déjà beaucoup trop parlé. Vous, braves gens qui vous tenez là », elle regarda l'assistance en y mettant une intensité qu'elle empruntait à parts égales à l'image qu'elle se faisait des empereurs romains et à une maîtresse d'école indulgente envers ses élèves, « souhaitez-lui bon voyage ! À présent vous pouvez lui donner vos prières, il les protégera des intempéries et, il me l'a promis, il leur fera toucher les pieds de la statue sacrée. »

Saintorsole n'avait rien promis du tout, il n'avait en vérité jamais ouvert la bouche devant la Présidente et face à ses pairs, il s'était toujours limité à hocher la tête et à sourire. Les gens applaudirent en un tintement de bracelets et chevalières. Le Président lui-même, pressé par les gestes désunis de sa femme, s'approcha et lui dit avec un grand sérieux : « Merci, monsieur. »

Puis la Présidente lui mit un verre dans les mains. « À ta santé, Colin. » L'entrechoquement des verres enrobés de scotch en papier donna lieu à un petit bruit grotesque. « On peut peut-être troubler notre audition pendant quelques secondes, mais on ne nous empêchera jamais de trinquer aux bonnes choses ! »

Puis une lente procession commença : des gens qui ne lui avaient jamais adressé la parole commencèrent à lui parler comme s'il était une vedette et finissaient par lui remettre, un peu trop énergiquement, non pas des bouts de papier, comme tout le monde, mais des enveloppes dont le poids laissait supposer qu'elles renfermaient plusieurs pages. Leur contenu, certes sous des formes plus contrites, devait sûrement renvoyer au même vide exprimé par leurs haleines alcoolisées. Cela, incroyablement, dura plusieurs heures. Lorsque la salle commença à se vider et que Saintorsole se retrouva avec un sac bien lourd rempli de mots pieux, il put enfin s'approcher de la vitrine contenant le plat à four. Il espérait en percer le mystère. La Présidente vint le coller presque aussitôt.

« C'est tellement important pour nous de préserver la mémoire des us et coutumes de cette ville. Cela ne doit pas disparaître. » Saintorsole la regardait de ses grands yeux, sincèrement curieux de ces propos dont les mots, tout en étant transparents dans leur signification, se dérobaient à son entendement.

« Vous devez le savoir, nous ouvrirons bientôt un musée d'ethno-anthropologie en ville, pour que ce grand héritage puisse être accessible à tout le monde. »

Vu la façon dont elle avait prononcé sa phrase, Saintorsole comprit que cela lui tenait réellement à cœur et, tout en ne voyant pas l'intérêt d'un tel endroit – ni, à vrai dire, ce qu'était un tel endroit –, il décida de sourire.

Pendant des jours, la bestiole n'avait été que hérissements de poils et claquements de dents. Tchan chantonnait en passant devant le seau, jetait parfois un coup d'œil dedans. Il s'était dit qu'il laisserait passer l'effroi du premier contact. Il avait fait un tout petit trou dans un gant de cuisine pour donner à boire à son ami emprisonné : il l'avait fait glisser dans le seau sans montrer ni sa tête ni sa main, il avait entendu les griffes du rat se hisser sur les parois en métal. Cela avait l'air de marcher. « Bravo, Bravo ! » et en prononçant ces mots, Tchan se rendit compte qu'il venait de baptiser son ami. Il parlait souvent à voix haute quand ils étaient dans la même pièce, il avait vite commencé à montrer sa tête et avait pu constater que Bravo avait l'air de plus en plus serein.

Quand il n'était plus resté de nourriture dans le seau, leur relation était devenue encore plus simple : au début, Tchan enfilait le gant qui servait d'abreuvoir et tendait à son ami des grains de blé que Bravo recevait sans agressivité. Puis le garçon avait fini par glisser sa main nue dans le seau sans crainte et avait pu voir que son ami n'avait aucun mal à se laisser caresser. Tchan avait entrepris alors de s'amuser un peu : en présentant la nourriture bien au-dessus de la tête de Bravo, il lui avait appris à se dresser sur ses pattes arrière et à faire du sur-place pendant quelques secondes. Après que le rat eut maîtrisé à la perfection la station et la marche debout, était venu le temps du tour complet sur lui-même. Homme et animal semblaient avoir le même goût pour le jeu.

Tchan ne pleurait presque plus la nuit. Il avait approché le seau de son lit pour sentir la présence de Bravo dans les heures les plus sombres. Il sortait de moins en moins, croisait à peine les voisins – il faut dire que le quartier se vidait –, trouvait un moyen de ne pas leur adresser la parole, oubliait de changer ses habits, de se laver. Il avait remarqué que Bravo était malheureux, contraint comme il l'était dans un espace si petit. Tchan aussi aurait préféré que ce soit différent : il avait envie de le prendre dans ses bras, de l'avoir près de lui dans son lit pour qu'il lui apporte un peu de chaleur, il aurait adoré le voir gambader librement dans la maison, mais le fait est qu'il avait peur qu'il s'enfuie. Il ne savait pas trop comment gérer cela.

Heureusement, il n'avait pas eu à résoudre lui-même ce dilemme. Une nuit, en proie à des cauchemars, il était tombé du lit en renversant avec fracas le seau de Bravo. Tout l'avait paniqué : la douleur de son corps contre le sol, le froid des dalles contre sa peau, le retentissement du métal dans la pièce sombre, son propre cri et l'idée qu'il allait perdre Bravo pour toujours. Il l'avait appelé « Bravo », il ne le voyait nulle part. « Bravo, où es-tu ? » Il avait éclaté en larmes et, du revers de la main, envoyé loin le seau qui gisait près de lui. Pris par ses sanglots, le corps de Tchan n'avait pas tout de suite enregistré la pression des petites griffes qui montaient le long de sa jambe. Il avait ouvert les yeux quand le rat était déjà au niveau de ses cuisses. Ils s'étaient regardés. Sans le quitter des yeux, Bravo s'était hissé sur ses pattes arrière et, une fois debout, avait penché légèrement sa tête sur le côté. Le diaphragme de Tchan était passé des spasmes des sanglots aux éclats de rire, comme ça, sans transition. Son ami en avait profité pour grimper vite jusqu'à son cou et lui renifler les cheveux, lui chatouiller les oreilles avec ses petites moustaches.

La liberté de Bravo avait soudé davantage leur amitié et eu des conséquences que Tchan n'avait pas su envisager. Libre de courir partout où bon lui semblait sans avoir peur d'être repéré, Bravo avait exploré chaque recoin de la maison sous les yeux ravis du garçon et avait dû se dire que cette vie sans danger, hors de la clandestinité, était bonne et qu'elle méritait d'être partagée avec quelques-uns de ses congénères : il était revenu accompagné d'un, puis de deux, puis de huit autres rats. Au départ, Tchan avait été content, cela lui faisait plus d'amis, qui plus est très réceptifs à ses jeux, à ses tours, motivés comme ils l'étaient par le chef de bande Bravo. Mais le jeune homme avait vite senti que cela le dépassait, que ces animaux demandaient beaucoup trop de sa personne : il avait voulu leur interdire la chambre à coucher, du moins pendant la nuit, mais la bande à Bravo – c'est comme ça qu'il s'était mis à les appeler – trouvait toujours le moyen de se faufiler sous la porte ou d'accéder à la pièce par des chemins qu'il n'arrivait pas à repérer. Les rats se prêtaient aux sauts, aux cabrioles, aux courses de haies mais, en contrepartie, ils exigeaient d'être les maîtres des lieux, et si les maîtres décidaient que la nuit n'était pas faite pour dormir, eh bien, Tchan n'avait aucun moyen de s'opposer à leurs petits manèges, à leur affection. Ils ne se contentaient pas des friandises qu'il leur donnait comme récompense pour leur habileté, ni des monticules de céréales qu'il déposait sur des petits bouts de carton à même le sol, non, lors de ses repas à lui, ils devaient absolument monter sur la table pour se servir dans son assiette, le plaisir devait être partagé ou alors ça n'en était pas un. S'il osait se limiter à une tartine mangée debout, c'était très simple, ils grimpaient jusqu'à sa main.

Après une énième nuit sans sommeil, passée à les caresser, à leur parler, à essayer de les raisonner, Tchan se disait qu'il avait peut-être fait une bêtise en voulant apprivoiser Bravo. C'est pour cela qu'il était content qu'il fasse grand soleil, il allait pouvoir sortir une chaise, faire un peu de ménage dans sa tête – s'ils obéissaient à ses ordres pour se mettre debout et faire rouler une balle, il devait bien exister un moyen de leur ordonner de lui ficher la paix pendant quelques heures – et puis, dehors, ses habits humides sécheraient. Il installa sa chaise au coin de la rue, en plein soleil.

« Bonjour jeune homme, vous habitez par ici ? »

Tchan entrouvrit les yeux et hocha légèrement la tête devant ce vieil homme dépenaillé.

« Dites, vous ne pourriez pas me rendre service et me remplir ma gourde ?

— Il y a une fontaine à trois rues d'ici.

— J'en viens, elle est en panne. Je vais voir ma fille, je marche depuis tôt ce matin et il me reste au moins une bonne heure de chemin, voulez-vous avoir cette amabilité ? »

Tchan protégea d'une main ses yeux du soleil pour mieux regarder le visage du vieux.

« Donnez-moi votre gourde, je reviens tout de suite, j'en ai pour deux minutes. »

Il se leva et se dirigea vers chez lui, le vieil homme lui emboîta le pas.

Saintorsole était prêt. Il s'était réveillé en pleine nuit. Il avait fait ses ablutions. Sa prière du matin. Il avait déplié une grande couverture dans son salon et y avait déposé tout son attirail de marcheur pèlerin. Il avait pris la feuille avec la liste de matériel qu'il rédigeait chaque année pour être sûr de ne rien oublier. Il avait coché patiemment chaque ligne, ressenti une certaine satisfaction en constatant qu'il avait tout pris. Il avait préparé son sac, mis à chauffer de l'eau, bu une grande tasse de café bien sucré, rempli sa bouteille isotherme avec ce qui restait de boisson, mangé des figues et des œufs durs. Il était enfin sorti. Quatre ou cinq silhouettes se tenaient là, des enfants, des vieillards et une jeune femme étaient venus assister à son départ. Leurs yeux brûlaient d'une flamme vive. Il sortit la boîte avec les prières des fidèles, puis se dirigea vers la cabane à outils et revint avec un grand ballon gonflable, d'un bordeaux intense, et une bouteille en fer qui lui arrivait à la poitrine. C'était, à chaque pèlerinage, son dernier geste avant le départ. Il allongea le ballon sur le sol, il le remplit des bouts de papier et des enveloppes qu'il avait reçus, puis commença à vider la bouteille de son gaz. Le ballon enflait, plus léger que l'air, les prières voltigeaient comme un essaim de papillons. Lorsque, dans sa rondeur, l'objet dépassa Saintorsole de deux bonnes têtes, le pèlerin le ferma avec un nœud et le relia à son sac à dos à l'aide d'une corde. Le ballon avait deux avantages : il le délestait du poids du papier – les prières et les vœux devenaient de plus en plus nombreux à chaque pèlerinage – et permettait à ses concitoyens et coreligionnaires de suivre son chemin pendant la première journée de marche. Se savoir regardé le faisait sentir moins seul. C'est ce qu'il disait. Il enfila donc son sac et se dirigea vers le sentier qui partait derrière sa maison.

Il n'avait avancé que d'un pas lorsqu'il entendit un bruit de course derrière lui. Il eut juste le temps de s'arrêter pour ne pas tomber : ses pieds nus recevaient les baisers rapides et marmonnants d'un des vieux croyants. Il le laissa faire, quelque peu ému par une telle démonstration de foi. En s'éloignant, il fut accompagné par la litanie basse des prières que chantèrent ses accompagnateurs. C'étaient eux qui avaient dégagé le début de son chemin : les rats morts gisaient bien rangés sur les bords.

Son cœur était léger, son pas souple et régulier. Le jour était encore loin de se lever mais s'annonçait serein. Saintorsole souriait aux trois mois qui l'attendaient.

La veille avait été un jour terrible pour elle. Après deux jours entiers passés à creuser à l'aide de cailloux affûtés, à respirer la poussière des pierres qui se désagrégeaient sous ses coups, à sentir sa transpiration devenir presque boue, la femme s'était retrouvée à genoux face à son échec : derrière une couche facilement cassable, se trouvaient des rochers similaires à ceux qui obstruaient l'entrée de son trou. Aussi gros, aussi lourds, aussi durs et indéplaçables. Elle avait avalé son impuissance et était revenue à la case départ, les muscles alourdis, coupés de leur force. Elle s'était couchée sans même adresser un regard, un mot, à son hirondelle. Et aujourd'hui, au réveil, elle n'avait trouvé aucune nourriture. En approchant sa tête du trou, elle vit que l'oiseau n'était pas là. Elle attendit, se disant que son amie avait juste pris du retard pour sa chasse. La femme n'allait pas partir en exploration, elle allait utiliser cette journée pour reprendre ses forces, elle allait attendre le retour de l'hirondelle en profitant des rayons de soleil qui filtraient jusqu'à elle.

Les heures passèrent, l'oiseau ne revenait pas. Elle entendit un battement d'ailes pas loin, mais elle n'en reconnut pas le bruit. Elle eut peur, sortit son bras du trou, l'agita. Le battement se fit entendre à nouveau. Elle retira son bras et vit s'éloigner un hobereau. Elle s'inquiéta pour les œufs de son amie. Si elle ne revenait pas à temps, ses petits ne seraient pas assez couvés, ils ne pourraient jamais naître. Elle resta de garde, entendit le cri du rapace, sortit son bras à nouveau, fit des moulinets. Elle comprit qu'elle devait régulièrement jouer l'épouvantail pour protéger le nid de son amie. Le soleil se couchait. Fatiguée, elle décida de laisser son bras sorti pour la nuit.

Un chatouillement la réveilla. Quelque chose courait sur sa peau refroidie. Elle secoua sa main, la rentra. Un petit rongeur, une sorte de lérot, avait été entraîné à l'intérieur par le mouvement. Elle se toucha le bras et sentit de la matière visqueuse sur sa peau. Elle renifla. C'était de l'œuf. Le rongeur la fixait, pétrifié par cette présence humaine. Ses yeux ronds, écarquillés, réfractaient le peu de lumière présente. Elle saisit un caillou et le tua en un seul coup. Elle le laissa là, écrasé. Elle avait été rapide. Le sang fut absorbé par la poussière. En ressortant son bras dans la nuit, elle fut secouée par un sanglot.

Tchan n'eut pas le temps d'ouvrir la porte de chez lui que Nioud – c'est comme cela que dit s'appeler le vieux – faisait déjà résonner sa voix dans le couloir. Pas la moindre trace de Bravo et des autres rats. Tchan fut soulagé de ne pas avoir à lui expliquer leur présence. Nioud marchait devant lui et sembla ne pas avoir entendu ses indications « C'est à gauche, la cuisine, ici, à gauche », et il en profitait pour inspecter les lieux, il s'introduisit dans chaque pièce. En suivant son regard, Tchan sembla s'apercevoir pour la première fois qu'une bonne partie du sol était jonchée de crottes de rat.

« Tu es bien ici, petit, tu habites seul ?

— Non, avec ma tante, elle est partie faire des courses, elle va revenir tout à l'heure.

— Tu es un bon neveu gentil, c'est ça ? »

Ils entrèrent enfin dans la cuisine. Tchan lui tendit sa gourde remplie.

« Tu veux bien nous ouvrir cette fenêtre ? Il fait sombre ici. »

Nioud était assis devant la table, le ventre penché sur ses genoux, il enlevait ses chaussures. Il ne portait pas de chaussettes, ses pieds étaient noirs de crasse.

« Merci, mon grand. Tu veux bien aussi nous mettre à chauffer de l'eau ? Mes pauvres pieds, ils marchent depuis des jours. Tu nous la mettras dans une belle bassine, après, l'eau. »

Nioud voulut manger un bout de quelque chose et l'accompagner avec du vin, il acheva une bouteille puis annonça qu'il allait faire une petite sieste. Il se remettrait en chemin tout à l'heure pour arriver chez sa fille avant le soir, on l'attendait pour dîner. Il fut péremptoire :

« Réveille-moi quand ta tante rentre, qu'elle me prenne pas pour un malpoli, il faut que je la remercie et que je la félicite d'avoir un si gentil neveu. »

Il s'installa dans la chambre de Bellonye, sur son lit, auquel Tchan n'avait pas touché depuis qu'elle avait été arrêtée.

Le garçon sentit que les sons autour de lui étaient de plus en plus lointains, courut aux toilettes et baissa sa culotte juste à temps pour ne pas se faire caca dessus. En se vidant, il chanta à voix basse une berceuse que lui chantait son père. Il n'entendit plus rien, puis, au bout de quelque temps, les ronflements de Nioud parvinrent à ses oreilles.

Saintorsole s'arrêta vers dix-huit heures, il installa son bivouac à quelques centaines de mètres du virage à partir duquel ses concitoyens n'allaient plus pouvoir suivre sa marche. À partir de demain, son chemin n'appartiendrait qu'à lui. Il alluma un feu. Il aimait imaginer les regards de la ville tournés vers ce petit tableau où les flammes soustrayaient au noir la silhouette du ballon attaché à une branche d'olivier pour la nuit. Après le dîner, hypnotisé par la chorégraphie crépitante des bleus, des verts, des jaunes et des rouges qui se déroulait devant lui, il se massa longuement les pieds. Il se demanda tout de même ce que pouvait bien être cette lueur qui ne cédait pas à la nuit, là, au nord-ouest, puis le sommeil tomba sur ses yeux comme une épaisse couverture. Il jeta de la terre sur le feu et s'endormit quelques secondes après s'être allongé dans sa tente.

« Y savent chanter ? » Tchan était absorbé par les galipettes de la bande à Bravo et ne s'était pas aperçu que Nioud était rentré. Il avait jusque-là toujours fait attention à ne voir ses amis rats que lorsque Nioud était sorti, ou qu'il dormait. Il avait peur qu'il les tue. « Y a quoi ? détends-toi le petit neveu, je t'ai vu faire des centaines de fois. » La voix du vieux était avinée, comme souvent, mais Tchan reconnut dans ses yeux le regard des jours moins durs. Il sentit néanmoins ses oreilles se boucher à son approche. Ce n'était pas bon signe. « Montre un peu comment qu'ils font. » Tchan obéit, d'abord machinalement, puis, voyant que Bravo et les autres tenaient à faire bonne figure devant leur premier public, il commença à s'amuser et à oser les numéros les plus difficiles de leur répertoire. À ses côtés, Nioud hochait la tête, poussait des petits sons, Tchan ne se retourna pas mais sentait qu'il était content. « T'as un talent le petit neveu, t'as un talent ! » Le vieux le tapa sur un bras puis se leva et revint avec une bouteille de mauvais vin – il avait vidé depuis longtemps la cave de Bellonye –, il but au goulot, puis la tendit à Tchan qui refusa, comme toujours. « Je vais les faire chanter, tes petits rats, on va se faire de l'argent. »

Le temps de la femme se mit à passer à une vitesse hallucinée. Elle fut réveillée par ses propres hurlements : sous son plexus, son estomac n'était qu'une énorme brûlure. Elle vit son bras s'enfoncer dans le trou jusqu'à l'épaule, se coincer, chercher à attraper le nid de son amie et les œufs qui n'allaient plus jamais se transformer en hirondeaux. Ses doigts sentirent l'enchevêtrement des matières, saisirent un petit rebord et crurent pouvoir bouger le tout, rougirent puis blanchirent dans leur effort aveugle, se crispèrent lorsqu'ils sentirent que la chose se pliait, qu'ils n'avaient plus de prise, qu'elle leur échappait, tombait dans le vide. Ils frappèrent la roche tiède et anguleuse, sentirent la peau s'ouvrir, le sang couler, ils inventèrent des oiseaux à chasser, moulinèrent dans le vide en essayant de résister à cette force qui les tirait vers le bas, qui voulait les ramener vers le trou.

Lorsque son bras fut entré dans la grotte, la femme en suivit l'élan et se mit à courir sans direction : chaque route empruntée était la bonne à présent, tous les chemins menaient à la mort. Une voix commença à sortir de son ventre, à réclamer toute l'attention, une voix rauque, patibulaire, une sorte de râle, comme sorti d'un soufflet d'accordéon pressé dans l'épuisement. La femme se cognait contre les murs, trébuchait, se relevait. Ses yeux dessinaient des formes dans le noir, qu'elle essayait d'attraper, rageuse, déterminée. Puis la voix de son ventre se fissura et laissa naître, de l'intérieur, montant en tige, une voix fluette. La femme se sent alors habiter trois corps, l'un fait de chair et les deux autres de sons. Elle se met à s'orienter dans l'espace grâce aux échos que lui renvoient les parois, elle sent pointer sur sa poitrine des poils de chauve-souris. Elle suit systématiquement les chemins où le son se perd le plus loin. Ses pas deviennent des percussions qui viennent s'ajouter à la basse continue et à la partition de castrat qui ne cessent de se déverser d'elle. Puis une troisième voix s'insinue entre les deux, voix du milieu, qui semble transpercer de sa nuque, venir de très loin, et qui fait ce qu'elle veut, disparaît, puis revient, joue la surprise. Comme si c'était une corde à remonter, la femme suit cette voix qui la surprend plus que les autres, s'accroche à elle et essaie de la tenir, serait prête à faire exploser sa gorge en un million de postillons et d'éclats de cartilage pour continuer à tenir, ne serait-ce qu'une seconde de plus, ces ondes de lumière, elle court comme traînée par la gorge, les yeux fermés, elle arrive à garder la voix vivante, à la rapprocher d'elle, elle sent que cette voix sera sa délivrance, elle est tout près à présent, la femme sourit en s'approchant d'elle, on dirait presque qu'elle lui parle, cette voix. La femme sourit à sa couleur, à sa chaleur, qu'elle sent lui brûler la peau du front. Puis le claquement d'une énorme gifle met fin à tous les autres sons. La femme ouvre les yeux. Elle est à nouveau près de son trou. Dans l'embrasure lumineuse, elle voit la tête d'une autre femme, plus jeune qu'elle, vite remplacée par celle d'un homme, puis d'un autre, un vieillard, plusieurs autres femmes, des enfants. Elle les entend s'affairer à l'extérieur. Elle sait qu'elle est sauve. Elle s'assied, le dos contre le mur, les yeux écarquillés, bercée par cette voix caverneuse qui s'est tapie dans son sexe, la garde en vie.

Le pèlerin marcha encore deux ou trois jours, ne changeant rien à son rythme ni à sa discipline. Le ballon toujours flottant au-dessus de sa tête, souvent il chantait pour se donner du courage, pour ajouter des notes aux concerts que donnait le grand orchestre des animaux et des plantes autour de lui. La route devant le mener au sanctuaire continuait, sinucuse, dans les collines qui se détachaient devant lui. C'est pourquoi des observateurs extérieurs auraient été saisis de surprise en le voyant enchaîner une série de gestes des plus banals. Saintorsole posa son sac par terre, en sortit des bottes, les chaussa, bifurqua avec décision vers un abrupt qui semblait ne mener nulle part, le descendit en escalade avec une souplesse extraordinaire, et se mit à sautiller sur un chemin qui n'en était pas un et qu'il semblait pourtant suivre comme s'il en connaissait tous les détails par cœur. Mais il n'y avait aucun observateur pour s'étonner de cela. Saintorsole se savait seul. Lorsqu'il arriva sur un plateau sec, parsemé de figuiers de Barbarie, il s'arrêta devant un enfoncement naturel du terrain, tira sur la corde pour porter le ballon à sa hauteur, en défit le nœud et déversa tout son contenu dans le trou. Il ouvrit ensuite sa braguette, sortit son sexe et vida sa vessie en un jet puissant de pisse sur les prières et les vœux de ses concitoyens. Le sol but rapidement cette pluie acide. Saintorsole jeta dans le trou quelques pierres et de la terre, regretta de ne pas sentir le besoin de déféquer et reprit le chemin qui l'éloignait à chaque pas de son pèlerinage.

Ils l'avaient vue. Ils avaient vu son bras sortir de la roche et se débattre avec le nid, avec l'air. L'une d'entre eux, une jeune femme, avait pointé son doigt et le regard des autres s'était tourné vers le spectacle là-haut. Ils avaient grimpé tous ensemble et étaient arrivés devant le trou quelques minutes après que la roche avait ravalé le bras. Ils avaient entendu deux voix résonner loin dans le tunnel et ils avaient su qu'elles appartenaient à un seul esprit. Ils avaient commencé à frapper la roche avec des pierres pour rappeler ces voix à eux. Cela n'avait pas marché. Chacun d'entre eux avait alors essayé de chanter en s'insérant entre les deux rubans sonores provenant des boyaux noirs. Vainement. Jusqu'à ce que la jeune femme qui avait repéré le bras d'en bas, fit sortir une voix lumineuse de sa bouche et vint frôler les sons déconcertés qui provenaient de sous la terre. La jeune femme eut l'impression d'avoir fait mordre ces voix, elle essaya de ne pas casser le fil par trop d'assurance, par trop d'impatience. Ils entendirent tous le râle et la voix chétive cogner contre les parois de roche et se précipiter vers eux. Lorsque le corps qui déversait ces deux voix fut tout près du trou, la jeune femme vit le visage de la femme des boyaux, le reconnut et, prise par la peur, fit partir son bras dans l'embrasure et retentir une gifle sonore. Tous ses compagnons voulurent regarder le corps qui avait arrêté d'avoir deux voix. Ils semblaient tous le reconnaître. Sans avoir à se parler, ils s'activèrent autour de l'entrée de la galerie et, poussant leurs muscles au bout de l'effort, risquant à plusieurs reprises de tomber et de se faire aspirer par le vide, ils arrivèrent à sortir la femme aux deux voix du noir de sa prison.

C'était à peine plus qu'un squelette. L'une d'entre eux la chargea sur son dos et ouvrit la marche.

Nioud n'avait pas la patience qu'il fallait, c'était évident. Il aurait voulu qu'au bout de trois jours d'entraînement la bande à Bravo (à présent agrandie d'une bonne dizaine de ratons) soit capable de chanter l'hymne des envahisseurs de la ville. Tchan dut le convaincre que le fait que les rats poussent leur voix tous en même temps était déjà une conquête en soi et que, s'il désirait vraiment une « touche artistique » comme il disait, un objectif raisonnable aurait été d'obtenir une seule et même note de tous. Nioud fut agacé par ce qu'il appelait un « manque manifeste d'ambition », mais voyant que les animaux étaient plus sensibles aux actions de Tchan qu'à ses exactions, il finit par lui faire confiance et par braire sa fameuse note presque uniquement quand le jeune homme lui faisait signe.

Parfois le vieux piquait des colères, mais il intégra vite que frapper le garçon n'était pas une bonne idée : la seule fois où il avait levé la main sur lui, la bande à Bravo l'avait harcelé de morsures aux jambes jusqu'à ce qu'il sorte de la maison, et il avait dû supplier Tchan une nuit entière pour être à nouveau admis dans les murs.

La proximité avec le corps nerveux de Nioud avait empiré l'état des oreilles de Tchan : de plus en plus souvent, trois, quatre fois par jour, il perdait son ouïe l'espace de quelques secondes, comme si une bulle d'air venait appuyer contre ses tympans. Quand cela arrivait en présence des rats, ils semblaient eux aussi ressentir son trouble : ils arrêtaient tout mouvement jusqu'à ce que cela passe. Nioud, s'il était là, enregistrait le tout en bâillant. Et pourtant, plus Tchan s'isolait longtemps du monde acoustique, plus il ressentait une sorte d'attraction vers quelque chose de familier, situé comme au-delà de la barrière du son. Mais le garçon ne prêtait pas trop attention à cela, il avait des rats à dresser.

Au bout d'une semaine, la chorale de la bande à Bravo tenait debout sans arrêter de couiner, ce qui créait une sorte de brouhaha de salle avant un début de concert. Tchan trouvait que c'était un bon début, et Nioud, passée une réticence bougonne initiale, ne put s'empêcher d'applaudir. Au bout de trois semaines, les couinements commençaient à ressembler à des notes de flûte très aiguës. En à peine deux mois, les rats savaient entonner un si et un ré dièse clairs, justes, un parfait intervalle de tierce. C'étaient les deux premières notes de l'hymne des envahisseurs. Nioud était aux anges, jouait le chef d'orchestre, voyait là le début de quelque chose de grandiose. Il s'amusait à faire garder la note le plus longtemps possible aux choristes : parfois plus d'une seconde. Ce qui les laissait éreintés. Quand cela arrivait, Tchan avait l'impression que Bravo lui adressait un regard de forte déception.

Le jour où les rats étaient arrivés à maîtriser pleinement l'intervalle de tierce, Nioud put enfin partager son projet avec le garçon : ils deviendraient un petit cirque itinérant dans la région et ça leur permettrait de voyager et de boire et manger à leur aise, d'être connus, d'être l'un et l'autre les marottes sexuelles de leur public. Il fallait qu'ils testent à tout prix leur spectacle, le jour même. Ils se mirent à nettoyer la maison de toute la crasse qui s'y était accumulée, ils se lavèrent et s'habillèrent avec des vêtements que Nioud avait ramenés à la maison le matin, dénichés ou plus certainement volés on ne sait où, « Quoi ? Ils abandonnent leurs maisons avec tout dedans, le vrai crime serait de ne pas se servir, mon garçon, et puis aujourd'hui tout est permis, c'est notre jour ! ». Toute cette propreté était bizarre : pendant quelques secondes l'esprit de Tchan crut que Bellonye était revenue à la maison et que la vie allait reprendre comme avant. À la place de sa tante, le garçon vit débarquer deux ivrognes que Nioud avait élus comme public test pour Le Cirque de la Bande à Bravo, il avait poussé le côté spectaculaire jusqu'à griffonner ça sur un bout de carton. Les spectateurs furent invités à s'asseoir sur deux chaises dans le salon. Pour l'ambiance, Nioud ne voulut illuminer la scène qu'avec des bougies : la plus grande partie du spectacle allait être menée par Tchan, en charge des numéros acrobatiques, Nioud, lui, ne le rejoindrait que pour le grand final musical.

Les rats étaient quelque peu désorientés par la grande propreté de l'appartement et par la lumière inusuelle, un peu effrayés par les petites flammes, mais après une amorce timide ils s'avérèrent formidables. Le public, dont Nioud, remplissait sans cesse les verres, était franchement enchanté d'être là. À un moment donné, les deux invités tapèrent si fort les pieds par terre, les mains entre elles, que les rats prirent peur et Tchan dut redoubler d'attention pour les convaincre de poursuivre leurs tours. Le clou du spectacle fut le plongeon acrobatique de Bravo qui se jeta d'un tremplin à un mètre et demi du sol et évolua dans l'air en tire-bouchon avant de plonger la tête la première dans une bassine d'eau. C'était un tour que Tchan avait gardé secret même pour Nioud et dont il était particulièrement fier. En sortant de scène, il cherchait les yeux du vieux pour y déceler, il en était sûr, de l'admiration, mais tout ce qu'il y trouva fut une étincelle de détermination qu'il ne lui connaissait pas. C'était la première fois qu'il le voyait excité par autre chose que l'alcool. La chose le troubla.

Nioud fit son entrée en deux grandes enjambées qui firent voleter sa veste, prit la pose du chef d'orchestre, d'un geste de sa baguette il obtint que les rats fussent debout, fit alors deux révérences, l'une aux artistes choristes, l'autre aux spectateurs, puis se racla la gorge et entonna un si brinquebalant. La bande à Bravo s'unit à sa note brièvement, le temps de la transformer en pure beauté. Puis le directeur baissa ses mains, faisant suivre la même courbe aux voix de sopranos et de castrats. Il fit alors entendre un beau ré dièse vite soutenu par ces petites bouches et ces petits poumons qui faisaient résonner des harmoniques insoupçonnés. Le diminuendo fut sublime, malgré le geste tremblotant de Nioud.

L'assistance était médusée, même Tchan qui avait participé aux répétitions n'en croyait pas ses oreilles. Jamais il n'avait entendu des sons pareils. Puis le vieux chef d'orchestre arriva à tirer de ces deux notes une mélodie agréable quoique d'une simplicité un peu monotone, en jouant sur les durées et les intensités. Il ménagea ses effets et s'engagea dans un tutti en fortissimo qui avait l'air d'être son grand final. D'abord époustouflé, Tchan comprit que Nioud voulait presser les rats jusqu'à en extraire la virtuosité ultime : un vibrato qui donne l'impression de pouvoir durer jusqu'à la fin des temps. Nioud laissa échapper un bâillement dans sa concentration. Les tympans de Tchan semblaient devoir exploser sous la pression de l'air, tous les sons lui parvenaient à présent de très très loin. En se précipitant sur Nioud il se mit à crier aussi fort que possible : il n'entendait qu'un murmure risible. Quand les sons revinrent à lui, il était au sol en train de frapper le vieux au visage. Il ne s'arrêta que lorsque ses mouvements éteignirent la dernière bougie. Il n'avait pas entendu les ivrognes se lever et partir, et quand il revint à lui, la bande à Bravo couinait, couvrant quelque peu le râle qui sortait de la bouche de Nioud. Il alluma la lumière : les quinze ratons gisaient morts au sol, un filet de sang tachait les poils autour de leur museau. À nouveau, les oreilles de Tchan se bouchèrent, il vit Bravo et les autres se remettre debout tout seuls et entonner ce maudit si pendant trois, quatre, puis sept, dix secondes : il eut l'impression que leur mort était survenue bien avant qu'ils ne tombent au sol, que la musique se servait de leurs corps inertes comme le ferait, de la vessie d'une bête, un joueur de cornemuse.

La première fois que Saintorsole avait découvert le lieu d'activité des Bâtisseurs, il avait failli se faire tuer. C'était lors de son premier pèlerinage : il s'était égaré et, alors qu'il traversait une sorte de taillis, ses oreilles avaient été percutées par des chocs cadencés, comme de coups de pierre. Il était loin de tout, « y a-t-il un animal capable de produirc un tel son ? ». Sa nature curieuse avait été chatouillée mais, empressé de retrouver ses repères, il avait poursuivi son chemin, se promettant d'explorer ce coin sur la route du retour, « on dirait presque des coups de pioche », ou, à défaut, de poser la question à ses concitoyens et qui sait, peut-être organiser une randonnée avec des camarades qui s'intéressaient à la faune des environs. Ça n'avait pas été son choix, et pourtant le chemin par lequel il essayait de rejoindre la route indiquée sur ses cartes le faisait avancer parallèlement aux bruits. Tantôt il s'en approchait, tantôt il s'en éloignait. La nature de ces sons, leur régularité, faisaient bien penser à une activité de son espèce, l'espèce humaine, mais aucun indice supplémentaire, sonore ou autre, ne venait étayer cette hypothèse. Puis cela s'était arrêté net. Il avait entendu à nouveau les chants ivres des rossignols, les craquements sous ses pas, le gazouillement des grives musiciennes, le bruissement de quelque reptile, sa propre respiration et la symphonie habituelle de ce coin de nature. Rien de plus.

Quelques dizaines de minutes après, Saintorsole était frappé au plexus, jeté au sol et ligoté par trois jeunes hommes recouverts d'une poussière blanchâtre. On lui avait bandé les yeux et on l'avait fait marcher dans mille directions pendant plus de deux heures sans parler, jusqu'à ce que le soleil se fût couché. Puis ses ravisseurs lui avaient enjoint de s'arrêter, l'avaient fait entrer dans une case à peine plus grande qu'un débarras, l'avaient attaché au mur et fait s'asseoir à même le sol. Avant de partir, ils lui avaient ôté le bandeau des yeux et donné à boire.

La femme était légère à transporter, trop légère. Elle fut allongée dans la seule bâtisse habitable du hameau. Elle ne dormait pas, elle traversait ses journées dans une sorte de demi-sommeil où elle avait encore l'impression de vibrer des deux voix qui l'avaient secouée dans le ventre de la colline. Autour d'elle s'affairaient des silhouettes blanches, elle avait demandé de la nourriture, elle n'avait pas pu manger. On lui fit boire de l'eau, des infusions. Elle avait senti monter en elle la fièvre, le froid. Elle ne savait pas si elle regardait ses jambes ou si elle rêvait d'elles, mais devant ses yeux n'apparaissaient que deux tubes d'os sans muscles, entourés d'une incroyable surface de peau aux nuances jaunes, verdâtres, bleues, violettes. Son cul lui faisait mal. Les ombres blanches rembourraient les paillasses. Ses omoplates aussi. Les ombres blanches revenaient rembourrer les paillasses. Ça la soulageait quelque temps, puis la douleur revenait. Elle transpirait toute l'eau qu'elle buvait. Elle sentait le poids de ses organes. Ils se pressaient l'un contre l'autre à l'intérieur de son corps. Elle redemanda à manger. On lui refusa. Elle sombra. Elle se vit avaler un énorme steak de foie, comme ça, entier, sans le mâcher : elle se disait que de cette façon elle allait pouvoir remplacer son propre foie. Pour que ça pèse moins. Puis ce fut le tour d'un cœur d'agneau pour suppléer son palpitant, de tripes de volaille qui allaient faire office d'intestins. Quant à la cervelle, c'était non, impossible de desserrer ses lèvres. Elle s'y opposa. Dans la force de cette opposition elle revint à la réalité.

Elle redemanda à manger. Pour la première fois, sa langue touchait autre chose que de l'eau. On lui servit de la bouillie dans une cuillère à café. Elle avala. Quelques instants après, peut-être des heures, elle sentit des bras la soulever, et ses boyaux se vider violemment au-dessus d'une latrine. Elle crut que son cœur, celui même qui battait si vite, était en trait de larguer les amarres et prendre le large en sortant par le trou de son cul.

La vie revint par le froid de sa peau détrempée, par le froid de la cuillère qui pressait sur sa lèvre gercée. Encore de la bouillie. Sa bouche s'ouvrit et se referma trois fois. La cuillère y entrait pleine. Son corps se vidait cinq, sept fois par jour, elle distinguait dans ses selles l'odeur de sang de lérot. Après quelques jours de silence, la voix rauque avait recommencé à chanter au fond de son ventre, ça vibrait sans faire de son, ça soulageait sa douleur, la femme avait l'impression que ça pétrissait et solidifiait ce qui sortait encore par cascades de son corps. Elle avait raison. La fièvre commença à tomber par moments. Elle put enfin garder les yeux ouverts, observer les corps et les visages qui se succédaient à son chevet. Elle les reconnut tous. Elle essaya de leur parler mais les sons ne sortirent pas de sa bouche. Elle se limita donc à s'accrocher à leurs yeux, à leur nuque, à leur cou, à leurs talons de revenants lorsqu'ils entraient, répandant toujours autour d'eux de la poussière blanche. Elle était perdue. On lui donna à boire du jus de viande d'agneau. Elle but, confiante. Trois heures après, timidement, elle en redemanda. On le lui apporta avec un bout de galette de semoule. Elle mâcha et sentit comme pour la première fois les muscles de sa mâchoire bouger, se détendre. Ça lui chatouilla le nez, troubla ses yeux. Ses narines sentirent une odeur familière. Vitelarìnze. Il avait posé sa main sur son épaule. Ça brûlait.

À partir de ce moment-là, sa convalescence procéda d'un pas lent et régulier. Le vieil homme vint la voir tous les jours, déversant la flamme qui incendiait son regard dans les yeux de la femme.

De cette lave incandescente, lui parvenaient la chaleur, l'énergie. Par moments, elle croyait reconnaître chez son visiteur l'affection d'un fauve. Cela la troublait.

Parfois Vitelarìnze lui parlait : « Tu es un oiseau, Sara, un oiseau sorti de terre. Les oiseaux sont des grands bâtisseurs, tu as volé jusqu'à nous, Sara, pour faire ton nid. C'est extraordinaire ! »

Parfois il restait silencieux ou se mettait à chantonner, la bouche fermée. Savait-il seulement qu'il était toujours en accord avec la voix que la femme avait dans son ventre ? Construisait-il consciemment ces harmonies si puissantes ? Elle n'en sut jamais rien. Après l'un de ces chants, la faim s'empara d'elle. Ce fut, pendant quelques semaines, quelque chose de difficilement croyable. Elle avalait tout ce qu'on lui mettait devant et elle demandait aussitôt à être resservie de la même quantité, deux, quatre, six fois. Elle ne se serait pas arrêtée si son corps, au lieu de réclamer le sommeil, l'avait simplement laissée faire.

Lorsqu'elle ne mangeait pas, Sara attendait l'horaire du repas. Elle ne sut jamais ce qui la retint de mordre dans la chair de celles et ceux qui prenaient soin d'elle. Vitelarìnze lui dit, des années après, « Tu n'es pas un oiseau cannibale, voyons ! ». Pour survivre, elle devait reprendre du poids. Elle le savait, elle s'exécutait.

Lorsqu'elle put se tenir debout, Sara commença à se promener avec ses infirmiers, avec Vitelarìnze. Ce n'était qu'avec lui qu'elle s'autorisait à prendre la parole. Elle n'était pas sûre qu'il l'écoutât, qu'il comprît ce qu'elle disait avec ses mots mais elle lui raconta quand même l'invasion ennemie, la violence terrible qui avait déferlé sur leur ville, les surprenants élans de courage de certains, la jouissance de la résistance. Elle lui décrivit dans les détails les derniers instants avant de se retrouver prisonnière de la terre, l'écroulement du bâtiment sous lequel elle et d'autres camarades avaient trouvé refuge, la peur d'être morte parmi les morts puis, piégée sous les gravats, la surprise de découvrir le tunnel qui reliait le vieux quartier aux anciennes mines de charbon. Les lèvres de Vitelarìnze se raidirent, s'animèrent, demandèrent si le petit oiseau était pourchassé.

« Une des camarades mortes porte mes chaussures. Le reste de son corps ne ressemblait plus à rien. Je ne sais pas s'ils me cherchent.

— Bien.

— Ce n'était pas Saintorsole. »

Un sursaut des muscles du cou fit se retourner le visage du vieil homme.

« Que dit l'oiseau sorti de terre ?

— Je disais que ce n'est pas Saintorsole qui a tué ton fils.

— Il le tuait à la tâche, ce n'est pas rien non plus ! répondit-il en éclatant de rire. Saintorsole aussi est un oiseau, Sara. D'une tout autre espèce que toi. C'est moi qui ai ouvert sa cage. Il se mourait, enfermé. »

Les propos énigmatiques de son interlocuteur ne la déroutaient pas. Elle ne cherchait pas à comprendre. Ça n'aurait servi à rien. Quelque chose en lui se comprenait, c'était l'essentiel : il suivait des dessins précis dans sa tête. « C'est grâce à ça que ses mots sont si puissants », se disait-elle.

Sara apprit à découvrir la nouvelle réalité qui l'entourait.

Le hameau, à l'exception de la maison où elle avait été soignée et où dormaient tous les habitants, était en ruine. L'activité principale des trente personnes qui vivaient là était la restauration des bâtisses effondrées. D'où la poussière qui recouvrait tous les corps et qui dessinait au sol des tableaux entremêlés de lignes blanchâtres sur des fonds verts, terre d'argile, gris ciment, blanc de pierre. Ces quelques êtres humains ne prêtaient plus attention à cette couche qui les recouvrait, ils lui faisaient penser à ces chevaux qui vivent avec les yeux et les orifices recouverts de mouches et qui renoncent à fermer leurs paupières, à bouger leur queue. Les Bâtisseurs dormaient recouverts de poussière, ils mangeaient cochonnés comme ça, Sara ne le savait pas avec certitude mais elle imagina que pendant l'acte d'amour, la transpiration de ces gens devait former une sorte de glaise qui devait rendre la copulation élastique et la séparation des corps laborieuse. Même après une douche, le blanc ne partait pas, comme s'il était arrivé à se glisser sous la couche de l'épiderme, tel un tatouage involontaire. La blancheur faisait ressortir le rouge des canaux lacrymaux, le rose de la langue, des muqueuses de la bouche. Ces parties du corps en devenaient appétissantes.

Pour le reste, les journées se passaient entièrement au chantier. Les muscles faisaient des doux allers et retours, comme pour s'échauffer, et travaillaient ensuite sans relâche, répétaient les gestes que la tâche du jour leur demandait jusqu'au tarissement de leur force, parfois au-delà. Vitelarìnze, lui, en plus de travailler avec les autres, s'occupait du verger, du potager, de quelques animaux et d'aller chercher on ne sait où la nourriture qui n'était pas produite sur place.

Chaque jour était scandé par le même rythme. Ils se réveillaient tôt, avant l'aube. Ils se retrouvaient dans la plus grande salle de la bâtisse. La bouche fermée, ils entonnaient le chant du matin. Cela permettait de rallumer les yeux, proies faciles de la léthargie de la nuit. Ensuite, ils prenaient, dans le silence, un petit déjeuner assez copieux et ils partaient travailler. Lorsque le soleil faisait son apparition, la nature se réveillait et mobilisait tous les cris, les couinements et les craquements qu'elle avait à disposition pour créer le fond sur lequel jouaient alors les chariots, les coulées de chaux, les spatules, les pioches, les gravats ramassés et déchargés par les bêches, les scies et mille autres instruments dont les bruits remplaçaient les mots qu'aucun des êtres humains n'échangeait. Puis une pause au milieu de la journée pendant laquelle les Bâtisseurs chantaient ensemble tout en enchaînant des mouvements de gymnastique qui les faisaient passer de debout à allongés, d'allongés à accroupis, puis assis, à nouveau debout et ainsi de suite. Suivait un déjeuner léger. Encore quelques heures sur le chantier, puis arrivait l'heure du dîner, plus généreux, et une soirée courte, deux petites heures où ils faisaient ce qu'on peut faire assis. Coudre, jouer aux cartes, aux échecs, réparer les outils, tisser. Pour finir, ils se couchaient en ayant chanté tous ensemble une dernière fois.

Les Bâtisseurs vivaient sans mots. À la sortie de sa maladie, Sara se glissa dans la même règle que les autres. Elle s'y accoutuma si vite qu'elle arriva même à se demander si les échanges avec Vitelarìnze avaient vraiment eu lieu. Comment savoir ? Elle avait parlé, elle en était certaine, et quant à lui, eh bien, peut-être qu'il avait utilisé d'autres moyens pour lui faire parvenir ses pensées, ses images d'oiseaux et tout le reste. Il y était parvenu : c'était là sa deuxième certitude, elle n'avait rien inventé. Lorsqu'elle fut entièrement remise, Vitelarìnze quitta très vite ses habits de vieil ami pour endosser au quotidien ceux de locomotive de la communauté. Avec son énergie volcanique, il donnait une direction à cette poignée d'hommes et femmes recouverts de poussière blanchâtre qui ouvraient la bouche seulement pour bâiller, manger et chanter.

Les habitants du hameau étaient principalement des gens de sa ville rescapés de la guerre, celles et ceux qui avaient été portés disparus et dont on avait arrêté de chercher les corps. À eux s'ajoutaient un enfant et trois adultes que Sara n'avait jamais vus. Ils devaient avoir fui d'autres guerres, se dit-elle.

Bientôt, elle commença à avoir la peau, les habits, les cheveux recouverts de poussière comme les autres. Ses muscles devinrent plus denses, se dessinèrent. Sa fatigue, en fin de journée, était pleine, radieuse.

Lors des chants, elle pouvait entendre sa voix, au milieu de celles des autres, en constater la puissance. Dans les notes se lâchait l'énergie de tous les mots qu'elle retenait. Au bout de quelques semaines, les regards, les gestes lui suffirent. Mieux, elle apprit vite à économiser ceux-ci aussi, à se débarrasser de toute communication parasite. Quant aux sentiments, elle connut des pics extrêmes. Le lever du soleil pouvait la plonger dans une émotion vibrante, l'incursion nocturne d'un renard et ses ravages dans le poulailler la transformaient en furie, la vue d'un corps nu lui embrasait le ventre, faisait fondre son sexe, la faisait saliver. Elle ne se maîtrisait pas toujours. Elle sentit que ses yeux commençaient à être habités par le même feu que ceux des autres, par la même flamme qui brûlait, inépuisable, dans ceux de Vitelarìnze.

Le printemps après son sauvetage, Sara était en train de terminer l'isolation d'un four à bois, elle s'apprêtait à le colmater avec du ciment, lorsqu'elle entendit un gazouillis dans l'embrasure de la fenêtre. Elle se retourna et vit une hirondelle, son cœur se serra, des souvenirs atroces l'envahirent et elle s'observa lancer, en un geste incontrôlé, un seau vide en direction de l'oiseau. Celui-ci déploya ses ailes, esquiva le gros projectile et revint à sa place. Les Bâtisseurs présents observaient la scène. L'hirondelle gazouilla à nouveau, pencha sa tête en regardant dans la direction de Sara.

« C'est toi, mon amie ? Tu es revenue ? Tu n'es pas morte ? », aurait voulu dire Sara. À la place, elle souleva le bras gauche et offrit le dos de sa main, pour que son amie vienne s'y percher.

L'oiseau prit son envol et se posa sur l'épaule de la femme. Il donna un coup de tête contre sa tempe. Sara crut entendre «excuse-moi» au creux de son oreille et transforma en une note extraordinairement chaude le sanglot qui voulut monter de son ventre. L'hirondelle s'unit au chant, des hirondeaux pénétrèrent à une vitesse vertigineuse dans la pièce. «Tu as pu avoir des oisillons ? Tu les as peut-être adoptés ? Regarde comment ils s'égosillent ! Vous allez vous déplumer par l'effort, ménagez-vous ! » chantait Sara sans articuler aucun mot. À partir de ce jour, ses déplacements furent toujours accompagnés par cette fidèle armée de l'air. À l'arrivée de l'automne, la volée ne migra pas, elle n'allait plus jamais migrer.

Cela impressionna les Bâtisseurs, qui ne demandaient qu'une confirmation de la nature exceptionnelle de cette femme sortie du ventre de la terre. Sara devint très vite un repère pour les autres : la volaille ne pouvait être tuée qu'en sa présence, les œufs devaient être cassés sous la bénédiction de son chant, et lorsque quelqu'un tombait en se cassant les os, Sara devait le veiller et faire couver le membre fracturé par ses oiseaux. Elle découvrit que sa présence guidait ces hommes et femmes, leur imprimait force et confiance autant que celle de Vitelarìnze. Elle se mit naturellement à diriger les chantiers, apprit à résoudre les conflits, à encourager les unions, les naissances.

En deux ou trois ans, la communauté avait triplé. Il arrivait que des gens quittent la grande ville. L'armée régulière des envahisseurs rattrapait et tuait la plupart d'entre eux. Ceux qui arrivaient à fuir, atteignaient parfois d'autres pays après un périple irrésumable, d'autres étaient interceptés par les Bâtisseurs qui, devant protéger leur secret, s'assuraient de leur fidélité : certains étaient tués, d'autre gardés jalousement.

Le lendemain, Saintorsole avait reçu la visite de ses gardiens tôt le matin. Ils l'avaient fait se relever, lui avaient bandé les yeux, et l'avaient conduit vers les bruits qu'il avait entendus la veille. On l'avait obligé à s'asseoir sur une sorte de banc en pierre froide, à l'ombre. Dans ses oreilles il avait reconnu un vrai chantier. Tout près de lui, le son mat des briques posées sur le ciment, le souffle des hommes et des femmes au travail. Plus loin, des coups de pioche, de bêche, une scie mécanique – « de l'électricité ? Comment ont-ils pu amener du courant électrique jusqu'ici, au milieu de nulle part ? » –, peut-être une benne à béton. Mais pas un seul mot. Il avait attendu longtemps. On l'oubliait, il en était sûr. Il avait poussé un cri. On lui avait giflé la nuque aussitôt. Pris de peur, il n'avait plus essayé.

Au bout de longues heures d'attente où rien n'était arrivé – on lui avait juste donné à boire –, il avait entendu les bruits faiblir autour de lui, les chocs des outils posés par terre, les sons de la nature prendre le dessus sur ceux de l'activité humaine. On l'avait fait relever. Sa tête tournait. On l'avait escorté dans une salle vaporeuse d'odeurs de nourriture où retentissaient assiettes, verres et couverts – il avait faim, il n'avait pas mangé depuis un jour entier –, puis il avait monté un escalier, était entré dans une pièce qui résonnait petite et avait été invité à s'asseoir sur ce que ses fesses avaient reconnu comme une paillasse. Il avait été laissé seul. Il avait failli s'endormir, puis avait entendu les pas de deux personnes sur les marches. La porte s'était ouverte et une voix chaude avait prononcé son nom, affolée. « Colin ! » Le bandeau devant ses yeux était tombé aussitôt et Saintorsole avait eu devant lui, à genoux, Vitelarìnze. « Tu n'es pas retourné dans ta cage ! Bravo, Colin ! Bravo ! » Et tout en le serrant dans ses bras, les yeux humides, exaltés, souriant, le vieil homme le giflait de ses mains brûlantes, une, deux, trois fois. Le prisonnier était déconcerté par tant d'amour violent.

« Regarde-moi cet oiseau tout guilleret, Sara, regarde Colin ! »

Debout, près de la porte, se tenait Sara, hagarde. Le vieux, cette fois-ci, parlait vraiment, à haute voix.

Vitelarìnze avait défait les nœuds qui empêchaient l'homme de bouger.

« Oh Colin, Colin, quelle joie de te voir ici ! Dis-moi, dis quelque chose à ton vieil ami ! »

Libéré de ses liens, Saintorsole avait décidé d'emprunter ses mots à son agresseur attentionné :

« C'est toi qui as fait disparaître la cage Vitelarìnze ! Je ne savais plus voler.

— Qu'est-ce que je suis content ! À partir d'aujourd'hui, Colin, le monde est une immense volière ! »

Une gifle, plus puissante que les autres, avait fait allonger Saintorsole sur la paillasse. Il essayait comme il pouvait de parer, esquiver les coups de son ami qui pleuvaient par dizaines. Il transpirait, si proche de sa chaleur.

Sara avait alors su que sa présence était de trop. Elle sentait pourtant monter le danger, « l'un des deux hommes sera mort à la fin de cette rencontre ». Elle restait clouée là. Puis la peur s'était emparée d'elle sous forme d'une excitation vertigineuse qui lui avait arraché du sol les pieds qu'elle n'arrivait plus à bouger, l'avait fait dévaler l'escalier, sortir de la bâtisse.

Vitelarìnze et Colin s'étaient battus pendant longtemps. Quelqu'un avait monté deux repas. La porte avait été fermée.

Les deux vieux hommes étaient restés enfermés trois jours. Personne n'avait su ce qu'ils avaient fait pendant ces heures ensemble. Ils avaient dû discuter longuement, manger, rire, dormir, s'écœurer l'un l'autre. Sara avait vécu dans l'appréhension : chaque bruit, chaque cri pouvait être le dernier. Mais là-haut, ça continuait.

Entendre parler autant leur guide, ne pas le voir pendant autant d'heures, avait troublé la communauté silencieuse, l'avait fait chanceler. C'était la première fois que les Bâtisseurs doutaient. Leur trouble avait été renforcé par la surprise de cette proximité entre les deux hommes qui, ils s'en souvenaient bien, avant l'invasion, se parlaient à peine. Tout le monde se rappelait le lourd soupçon qui pesait sur Saintorsole lors de la mort de Samouèle et des mots de Vitelarìnze, « Saintorsole a tué mon fils ». Alors comment expliquer ce qui se passait là-haut, à la portée de leurs oreilles ?

S'il avait pu parler, un jeune Bâtisseur aurait jeté là, comme l'on dit des évidences, que dans leur enfance, les deux hommes étaient très proches malgré leurs douze années de différence ; que la mère de Vitelarìnze avait été la nourrice de Colin et qu'ils étaient comme deux frères. Ce lien qui avait été brisé par des destins tracés d'avance – l'un fils de berger, l'autre fils de notable – retrouvait là sa vérité, son élan originel. Cependant le silence restait sacré. Rien de tout cela ne fut dit. Chacun avait dû se rassurer comme il le pouvait.

Sara avait endossé son rôle de guide et avait accompagné les autres pendant ces jours difficiles. Elle avait redoublé d'air dans ses poumons, de force dans son diaphragme, avait travaillé la force apaisante de son chant au point qu'elle avait elle-même arrêté d'être terrorisée par l'idée de la mort d'un des deux hommes.

Finalement, la bizarrerie de ces trois jours avait été vite avalée, l'accroc à la règle du silence accepté avec confiance. Quant à cette histoire de cage et d'oiseau, personne n'y avait rien pigé, mais chacun était sûr que ça devait remonter aux semaines qui avaient suivi la mort de Samouèle, ces semaines terribles où Saintorsole avait disparu puis était revenu maigre et plein de plaies et de brûlures, à cette période où – Sara était la seule à connaître ce détail – Vitelarìnze était allé sonner, recouvert de sang, à la porte de sa belle-fille Sisine.

Le soir où ils étaient enfin sortis de leur isolement, Vitelarìnze semblait avoir encore plus d'énergie que d'habitude. Quant à Saintorsole, une ombre de détermination apeurée flottait dans son regard, comme celui à qui l'on a confié d'énormes responsabilités et qui craint ne pas être à la hauteur. Il avait partagé le dîner avec la communauté et alterné des poussées de bonhomie – sourires émus envers ses commensaux – avec des moments fort pensifs où son front se baissait et s'approchait, lent et implacable, de son assiette. Il était tellement pris par ses émotions qu'il ne s'était pas rendu compte qu'assis à quelques places de lui – certes caché par une barbe et des cheveux broussailleux, sans compter la couche de poussière blanche qui recouvrait tout le monde –, se trouvait son fils, bien vivant. Ça n'avait été que le lendemain, à l'aube, au moment de prendre congé de tout le monde pour reprendre son pèlerinage, qu'il avait été frappé par les larmes qui mouillaient les yeux de ce garçon costaud au poil luxuriant. Il en avait été ému au plus haut point. Son corps n'était devenu qu'un fourmillement général, un tressaillement d'incrédulité, il avait regardé dans la direction de Vitelarìnze, se demandant pourquoi son ami ne lui avait rien dit, pourquoi lui-même n'avait pas pensé à poser la question pendant les trois jours passés ensemble. Mais il n'avait pas pour autant décalé son départ. Il avait pris les mains de son fils entre les siennes, il tremblait, semblait lutter avec quelque chose d'énorme et lui avait dit juste « Je reviens dans trois ans ».

Saintorsole avait fini son pèlerinage, et était revenu en ville sans religion – sa foi s'était brisée chez les Bâtisseurs – mais débordant de récits, de descriptions et d'émotions concernant l'église sacrée, la sainte statue. Pour le reste, il avait continué à renvoyer sa gentillesse à tout le monde, à rendre service, à se rendre à la messe. Personne n'avait su, n'était même arrivé à subodorer qu'il était devenu l'infiltré en garnison stable des Bâtisseurs dont personne d'ailleurs ne soupçonnait l'existence. Parfois il recrutait directement des gens enflammés et les envoyait vers le hameau en expansion. D'autres fois, surtout avec des égarés, il arrivait à glisser dans les esprits la possibilité d'un ailleurs meilleur, mieux qu'ici, plus près de la terre, sans jamais rien nommer : un travail qui prenait parfois des mois, fait de petites phrases jetées là négligemment. Et après quelque temps – il n'était pas aisé de prévoir à quel moment exactement –, les paumés disparaissaient et Saintorsole en informait les Bâtisseurs en laissant un petit mot codé à un endroit fixé à l'avance, juste à la sortie de la ville. Parfois, au même endroit, il trouvait une question, une demande de la part de ses amis charpentiers. Le reste du temps il devait observer les envahisseurs et ses concitoyens. Quoi noter, en vue de quoi, il ne savait pas trop, mais il s'exécutait. « Nous allons rebâtir et repeupler tellement de hameaux que la ville envahie ne sera qu'un souvenir lointain dans l'esprit de tous, un souvenir qui pourrira de l'intérieur, qui disparaîtra dans le silence sidéral. » Tels avaient été les mots de Vitelarìnze, ou du moins la version cohérente recomposée par Saintorsole. En attendant, il essayait de vivre sa double vie le plus sereinement possible. Il y parvenait sans trop de peine.

Tous les trois ans, Saintorsole passait son pèlerinage en retraite silencieuse, en aidant à rebâtir des vieilles maisons, souvent en binôme avec le fils qu'il avait cru perdu pour toujours. Il vit la communauté décupler, s'élargir en une constellation de hameaux sur un territoire de plus en plus vaste. S'organiser de mieux en mieux. Vitelarìnze était moins présent qu'au début. Il partageait son temps entre les différents bourgs, ne montrait sa tête qu'une fois par semaine pour arroser ses ouailles de son énergie et résoudre certains problèmes qui se présentaient sur le chantier et qui nécessitaient des choix coordonnés. Quant à Sara, dès sa deuxième visite, Saintorsole la vit rayonner d'une lumière aussi puissante que lorsqu'elle avait bravé les balles des envahisseurs en restant assise sur les barricades, plus puissante encore si possible. Haut dans le ciel, ou juste quelques mètres au-dessus de sa tête, des volées d'hirondelles accompagnaient ses déplacements. Elles canalisaient par leur vol le trop-plein d'énergie qui montait du sol : lorsque Sara circulait entre les gens, leur inquiétude s'évaporait, leur rage montait au ciel, leur amour redescendait en spirale pour se diffuser dans tout leur corps.

Avec l'agrandissement de la communauté, d'autres espèces d'oiseaux, se relayant en fonction des saisons et des heures de la journée, se joignirent aux hirondelles pour former un réseau de sentinelles précieuses. Dans leurs voltiges effrénées, dans leurs flottements surplombants, les volatiles repéraient l'approche d'inconnus, lançaient des signaux qui faisaient suspendre tout bruit susceptible de dévoiler la présence des Bâtisseurs dans un rayon de plusieurs kilomètres. Lorsqu'il voyait un rouge-gorge ou une pie s'aventurer en ville, Saintorsole avait toujours le soupçon, le plus souvent à raison, qu'il ne soit envoyé par Sara recueillir on ne sait quelles nouvelles. Combien de temps cela peut-il encore durer ? Les Bâtisseurs se sont mis à recruter les enfants des envahisseurs, comment ne peuvent-ils pas voir le danger d'une telle manœuvre ? Combien de temps mettront les Présidents pour détruire la constellation illuminée des hameaux des Bâtisseurs ? Que feraient-ils de moi s'ils venaient à prendre connaissance de mon rôle ? Je ne fais pas grand-chose après tout. Je profite de mon fils, je libère des gens, je les rends heureux. Voilà ce que se disait parfois Saintorsole.

Pour son troisième pèlerinage, le vieil homme était lourd de ces inquiétudes et curieux comme tout : il était persuadé que cette lumière qui éclairait la voûte nocturne au nord-ouest devait être d'une façon ou d'une autre liée à ses amis recouverts de blanc. Mais il était surtout frémissant d'impatience : pendant son dernier séjour là-bas, il avait vu le ventre de la femme de son fils s'arrondir. Cette fois-ci, il allait rencontrer l'enfant qui faisait de lui un grand-père. Chez les Bâtisseurs on n'attachait pas beaucoup d'importance à ces liens de sang mais pour lui, oui, ça comptait, et comment. Il avait même mis dans son sac des graines de hêtre. Il allait planter un petit bosquet en l'honneur du nouveau-né, et instruire son fils aux façons de l'entretenir.

Tchan passait à présent ses journées plongé dans les fumées du mauvais vin que lui tendait Nioud. Ils vivaient tous les deux de petits vols et profitaient de la disparition des voisins pour investir les maisons du quartier, se servir dans leurs provisions. Il avait accepté que sa tante Bellonye ne reviendrait pas, que personne ne reviendrait jamais pour le sortir de là, et qu'après tout le vieil escroc qui s'était introduit chez lui avait au moins le mérite de ne l'avoir jamais abandonné, même après avoir eu le nez et les dents cassés par ses soins. Des rats, il en mourait partout maintenant. Tchan balayait d'une main la pensée qui l'accusait de ces morts. Il avait appris à bâiller lorsque la pression sur ses oreilles devenait insupportable, cela arrivait maintenant une dizaine de fois par jour, il avait souvent l'impression d'entendre les voix de la bande à Bravo accompagnées par des voix humaines entonner des chants puissants. Les premières fois, cela l'avait ému, puis il avait fini par ne plus y prêter attention : il en était sûr, quelque chose clochait chez lui. C'est pour cela que, quand il vit que la nuit une partie du ciel ne s'éteignait pas, il trouva ça cohérent. Il n'avait plus d'horaires, il pouvait veiller la nuit et dormir la journée, cela ne changeait pas grand-chose.

Un jour, au petit matin, alors qu'il s'apprêtait à aller se coucher, il entendit dans la rue des bruits de sabots de cheval. C'était le galop d'un gros animal qui approchait. Il se mit sur le pas de la porte et distingua la silhouette étrange d'un cheval avec son cavalier les pieds dans les étriers mais le corps qui pendait, désarticulé. L'étrangeté n'était pas seulement là, lorsque l'animal fut à quelques mètres de lui, Tchan vit sous la lumière bleutée du petit matin qu'il n'avait pas de tête. Elle était coupée juste au-dessus de la mâchoire. La bête s'arrêta en face de lui, vivante, haletante, puis elle tendit son cou comme dans l'effort d'un très long hennissement. De sa chair surgissait, en bulles, de la mousse, rose par ici, grenat par là. Un souffle gargouillant se fit entendre, derrière lequel Tchan crut encore une fois reconnaître le ré dièse de la bande à Bravo. Puis le cheval s'écroula, ne laissant aucun doute sur l'état de son cavalier non plus : les deux n'étaient plus de ce monde. Tchan se mit à hurler et, reconnaissant dans l'uniforme du cadavre un membre de l'armée des envahisseurs, se dit que pour ne pas être accusé de quoi que ce soit, il valait mieux courir prévenir les gardes. La gendarmerie fut obligée de prendre en compte les relents d'alcool venant de Tchan, et décida non sans une certaine réticence – neuf fois sur dix, c'est du temps perdu avec les ivrognes – d'envoyer deux de ses pires sbires voir si le garçon disait vrai. Ceux-ci durent constater qu'il y avait bien un soldat de l'armée mort en selle sur un cheval sans tête, mort lui aussi. Ils reconnurent l'un des hommes que le Président avait envoyés en reconnaissance vers la lumière nocturne.

La découverte était d'une certaine importance : aucun homme n'était jusque-là revenu de sa mission. Ils exigèrent donc de Tchan qu'il arrête avec ses conneries et qu'il leur livre la tête du cheval. Le garçon ne comprenait pas, il se défendait en criant, en redessinant à chaque fois la scène à laquelle il avait assisté, avec une honnêteté désarmante et une haleine outrageusement avinée. Les soldats commencèrent à le bousculer, ils n'allaient pas rater leur promotion à cause d'un connard d'indigène bourré. Ils l'acculèrent sur la façade de sa maison et commencèrent à le rouer de coups en le menaçant. Nioud sortit en courant et essaya de calmer les esprits. Voyant que ses mots ne produisaient aucun effet, le vieux essaya de s'interposer entre les gardes et le garçon. Tchan tomba au sol et put ramper sur un ou deux mètres. Il entendit ses oreilles se boucher encore une fois puis il vit le corps de Nioud tomber comme seules tombent les choses mortes. Il sentit à peine les coups qui se remirent à pleuvoir sur lui. À moitié caché derrière une fenêtre de la maison d'en face, il vit un petit garçon avec une cagette en bois à la main, de celles qu'on utilise pour les fruits et les légumes. Cela lui rappela un jeu auquel il jouait quand il était enfant. En perdant connaissance, il sourit comme si d'un coup il venait de retrouver Mængue et Faïel, ses amis d'autrefois.

Après s'être débarrassé des mots pieux de son ballon et les avoir arrosés de sa pisse, Saintorsole marcha encore une bonne semaine avant d'arriver au hameau où se trouvait son fils trois ans auparavant. En parcourant le dernier kilomètre qui le séparait de ses étranges amis, il sut que quelque chose ne tournait pas rond. Au départ, il sentit comme un étau lui serrer les côtes, le thorax, faire pression. Il dut s'appuyer contre un figuier. Pendant qu'il essayait de remplir ses poumons, il put mesurer le degré de l'étrangeté dans laquelle il plongeait. Le vent faisait bruire le feuillage, on entendait l'écoulement d'un ruisseau pas loin, les craquements du bois étaient là mais tout bruit animal avait disparu du paysage sonore. Pas un oiseau, pas un insecte. Saintorsole pressa le pas. Il entra dans le hameau à une heure où tout le monde aurait dû être au travail et le trouva vide d'hommes et de bêtes. Aucun signe de violence ni de précipitation, tout était suspendu, comme abandonné le temps d'une pause cigarette. Une bétonnière tournait, le ciment qu'elle contenait était déjà trop solide. Sans savoir ce qu'il faisait, il souleva la bassine posée par terre et ajouta de l'eau. Il entra dans une des bâtisses, une casserole mijotait sur les fourneaux, à feu doux. Il monta sur le toit. Il essaya de maîtriser cette bizarrerie en prenant de la hauteur. Il ne comprenait pas. Peut-être que les oiseaux-sentinelles s'étaient trompés et qu'ils l'avaient pris pour un inconnu ? Aussi loin que ses yeux pouvaient regarder, il ne vit rien d'autre que le paysage habituel d'arbres, de terre et de roches. Il resta pensif. Qu'était-il en train de se passer ?

Puis il fut interpellé par la silhouette d'un pin au nord-ouest. Son feuillage lui semblait trop épais, trop lourd, trop foncé. C'était comme une tache, un dos noir monumental au milieu des verts et des gris. Un dos composé d'hirondelles qui tournaient leur queue au soleil. Il décida d'aller le voir de près. Au bout de vingt minutes Saintorsole arriva à quelques pas de l'arbre. Un mur d'êtres humains et d'animaux l'empêchait de s'en approcher davantage. C'était comme si la campagne entière s'était donné rendez-vous là pour regarder abasourdie tout droit devant. Il chercha les yeux des gens qui lui répondirent par des œillades fugaces et inquiètes. Il reconnut, hors de portée, Vitelarìnze : son corps nerveux dégageait une énergie terrible. À ses côtés, plusieurs familles de renards, des hérissons, une meute de loups, tous muscles tendus vers le sommet de la colline en face. Les invertébrés étaient sortis de terre et rampaient dans cette même direction. Saintorsole s'arrêta pour ne pas les écraser. Des milliers de mouches, frelons, papillons, libellules et d'autres insectes tapissaient les troncs des arbres alentour.

On entendait, au loin derrière la colline, les notes guerrières d'un chant. L'impression était nette, sans équivoque, elle transmettait un sentiment de petitesse à tous les êtres qui se tenaient là. Le chant était porté par un nombre colossal de voix. Saintorsole distingua son fils dans la foule, lut la terreur dans ses yeux, puis se retourna vers la colline et se dit qu'il vivait là son dernier jour.

Histoire de Nennelle

Ou mare yait hassekate, ou sôle yait mbousse
la pagye yïnde a l'akwe se ne vaffounne
ou kioumme sôpe a l'akwe væ natanne

La mer a séché, le soleil est moite,
regarde dans l'eau s'effondrer la paille,
au-dessus de l'eau nager le plomb.

Je me suis laissée emporter par le son des vers, par les vibrations que produit ma voix dans ma gorge et ma poitrine, par ces mots que je ne connais pas et que je comprends.

Je ne peux m'empêcher de les répéter en boucle, de les chanter. La chaleur a quitté la plus grande partie de mon corps. Je n'ose pas me retourner, de ma nuque je sens sortir comme une flamme froide qui s'en va rejoindre un feu plus grand. Ma voix me parvient de loin et pourtant elle semble transformer tout ce qui m'entoure.

La terre a changé d'odeur, les herbes autour de moi se sont électrisées, les branches mortes au sol ont accéléré leur processus de pourriture, les insectes semblent les dévorer avec une faim démesurée. Le soleil qui devrait se lever droit devant moi reste couché, je vois mon ombre projetée au sol, prolonger mes pieds. Je n'ose toujours pas me retourner. Ça continue à chanter à travers moi. Mes jambes sont devenues presque bleues, plus rien ne semble couler en elles. Je sens que plusieurs flots d'êtres humains sont réveillés et se dirigent ici. Je vois le sang affluer au visage défiguré de mon ami Djuañi, qui se précipite vers moi. Mon chant le transforme : apaisé d'un coup, il s'oublie, n'existe plus en tant que Djuañi, il fait corps avec moi, ne bouge que par moi. Je vois aussi mon grand frère Faïel avec son éternel air de courroux, renversé par l'onde de choc de notre énergie, il déride son visage et explose de rire, extasié, en se joignant à nous.

Ensuite les humains viennent à moi en plusieurs files, comme des fourmis guidées par les traces chimiques de leurs consœurs. Nous sommes bientôt des centaines. La terre entière jusqu'à l'horizon vibre de nos vibrations mêlées. L'ombre devant moi se fait de plus en plus petite, la lumière froide qui la projette est devenue presque aveuglante, je trouve enfin le courage de me retourner et je vois un olivier grand comme un bâtiment de trente étages spiraler vers le ciel, tordre des nœuds gigantesques sur son tronc et luire tel un astre sur terre.

Mon corps retrouve un peu de chaleur. Une note puissante se projette hors de ma gorge, les voix de tous les êtres autour de moi s'unissent à la mienne. Nous nous adressons à la terre juste au-dessous de l'arbre, lui réclamons en torsades sonores l'âme d'un mort. Nous le décrivons bien pour qu'elle ne le confonde pas avec d'autres morts aux âmes moisies, pour qu'elle sache qui nous apporter, qui prélever dans la congrégation amoureuse que sont les décédés, en l'espace fulgurant d'un rêve. Nous disons à la terre de se dépêcher, de bénir la venue du défunt, nous lui garantissons que pendant ce temps nous serons les morts et lui le seul vivant. La terre se met à trembler, elle crache l'âme morte. Nous avons mille yeux, je vois mon frère ouvrir la bouche, bouger les lèvres comme un poisson en train d'étouffer, il siffle « Papa ». Flottant devant nous, entourée d'essaims de moustiques belliqueux, aussi grande que l'arbre, presque aussi lumineuse, se trouve l'âme de mon père. Quelque chose en moi le reconnaît.

Au départ il a l'air désorienté, comme s'il faisait un effort énorme pour comprendre où il se trouve. Il est beau, il est triste, il est jeune et guerrier. Il nous adresse juste quelques mots distraits mais chaque son sorti de sa bouche semble remplir d'ardeur l'armée d'êtres humains autour de moi. Il dit qu'il faut ramener l'enfant là où elle est née. L'enfant, c'est moi. Qu'ils doivent tous m'escorter. Avec un amour égal à celui avec lequel ils m'ont accueillie. Il dit que sans moi, les communautés humaines, les plantes et les animaux risquent de disparaître, que je suis la seule capable de tisser la paix, de réunifier ce qui a été lacéré, qu'ils doivent tous oublier ces montagnes et ces vallées, qu'ils doivent tous oublier leur langue pour servir ce but. Que leur effort, ils ne doivent pas en douter, sera récompensé.

Le bourdonnement des moustiques finit par couvrir ses mots, cacher sa figure, le faire disparaître.

La lumière devient chaude d'un coup. Le soleil est déjà haut dans le ciel. L'immense olivier a perdu de sa luminescence. Je me retourne. Je commence à marcher. Les torses de tous les humains suivent mes mouvements. J'avance au milieu d'une foule en jubilation, aux muscles nerveux. Je comprends que moi, drôle de petite fille, je suis à la tête d'une armée prête à mourir. Lorsque tout le monde se trouve derrière mon dos, en nous appuyant sur la cadence martiale de nos pas, nous commençons à entonner un chant très ancien dans la langue de mon père, de ma mère et de mon frère Faïel. Un chant qui met en garde ceux qui l'écoutent : des hommes et des femmes se sont armés, il faut en avoir peur, il faut répondre à l'appel aux armes, être armé à son tour.

Nous passons devant nos maisons vides, certains y entrent, en ressortent avec des couteaux, des pistolets, des fourches, des grenades de la dernière guerre. Nous nous les répartissons. Je reconnais Frangui, ses pieds frappent la terre comme ceux d'un taureau. Nous continuons à chanter et sortons des centres habités, mes amis oiseaux viennent me voir pour me rappeler à ma parcelle, à notre projet commun, à la reforestation de la vallée, et c'est comme si je ne comprenais pas vraiment ce qu'ils me disaient, je ne cesse d'avancer, ils se fatiguent et repartent fâchés. Je ne peux rien pour eux.

Nous chantons et nous marchons sur des routes qui s'éloignent de plus en plus de là où j'ai grandi avec Ouittorye et Djesuppine. Je me retourne pour voir s'ils sont avec nous, oui, leur visage est transfiguré. Ils chantent et marchent comme tout le mondc. Avant même de rejoindre un nouveau village, des hordes viennent à notre rencontre et se rangent derrière moi. Certains portent des masques à gaz, des fusils de chasse, nous voyons un petit garçon aux omoplates saillantes qui brandit un harpon.

Nous marchons nuit et jour, nous ne nous fatiguons pas. Nous n'avons plus besoin de dormir. Les bêtes nous sont hostiles. À notre passage, elles grognent, elles hurlent, elles feulent. Elles éjectent toutes sortes de liquides, d'excréments, courent dans toutes les directions mais n'ont pas le courage de nous attaquer. Nous sommes bientôt des dizaines de milliers. Dans la poitrine de chacun vibre le chant de ses camarades. Cela nous rend invincibles.

Nous approchons d'une abbaye. Nous entendons résonner dans ses pièces le même chant qui sort de nos corps. Derrière la grande porte d'entrée en bois, des bruits de bagarre : des cris, des coups de ferraille, puis des chocs lourds, les planches qui vibrent. Ils essaient de défoncer la porte fermée pour nous rejoindre. Tout en haut dc l'édifice, un moine tout rond, impassible, montre sa tête à la fenêtre. Je reconnais le petit moine au pendule qui avait cherché de l'eau dans notre jardin, il se signe sans cesse et semble marmonner des mots violents avec sa bouche d'enfant arrogant. Sur ses oreilles, il porte d'énormes bouts de caoutchouc. En nous voyant, il commence à crier. Il a peur !

Certains de ses confrères, au premier étage, émerveillés, curieux, se défont de leurs bouts de caoutchouc, rient à s'en arracher la gorge puis, tout en chantant, ils se défont des bures, les nouent entre elles et les utilisent pour faire descendre au sol leurs chairs flasques, pour se joindre à nous. D'autres ont moins de patience et se jettent directement dans le vide. L'un d'entre eux se casse la jambe en s'écrasant au sol. Les autres choisissent d'atterrir sur lui. Ça leur évite le même sort. Ils brandissent des haches, des épées. Le corps du fracturé se transforme en bouillie sous le passage des confrères en surpoids.

Nous voyons d'autres moines faire irruption dans la cellule du moine au pendule, le retourner, le dévêtir entièrement pour lui soustraire une grande clé qu'il avait nouée autour de son sexe. Ils lui ligotent les mains, lui enlèvent les bouchons qui le rendaient sourd à notre chant. Il a juste le temps d'être parcouru par une sorte de coït, on le jette en bas, il meurt lorsque sa tête se fracasse au sol. En tombant, pendant qu'il poussait un cri suraigu, il m'a regardée droit dans les yeux. Il me lançait je ne sais quel défi.

La grande clé sert à ouvrir la porte de l'abbaye. Les moines qui sont encore à l'intérieur courent, transpirants, jusqu'à nous. Il y en a un, tout maigre, qui porte comme seule arme un tesson de vitrail rouge et vert.

Nous procédons désormais à plusieurs vitesses qui n'en font qu'une. Nous sommes comme une tache qui se déplace inexorablement, comme un blob qui se ramifie et laisse derrière lui les traces de son passage. Nous chassons, nous cueillons plantes et fruits en marchant, nous mangeons en marchant, nous laissons derrière nous nos restes, nos déjections. Quand je tourne la tête je vois que des corps s'accouplent sans s'arrêter d'avancer. Certains prennent leur partenaire dans les bras, emboîtent leurs sexes, d'autres se font porter sur des civières de fortune. Leurs armes sont gardées par les porteurs. Leur jouissance altère la puissance de leur chant. Au fil des semaines, je sens que les voix de certaines femmes sont comme dédoublées. Elles ont gagné une caisse de résonance en plus, leur ventre est habité par une vie nouvelle. Je ne suis pas la seule à m'en apercevoir : pendant des jours, nous sommes des centaines à chanter, émus, en buvant nos larmes.

Des avions passent au-dessus de nos têtes, ils ne résistent pas aux turbulences de nos voix. Ils s'écrasent les uns après les autres. Certains, en tombant, font plus de bruit et de dégâts que les autres, ils doivent contenir des armes plus puissantes. Nous dévions les missiles de leur trajectoire. Nous voyons dégringoler vers nous une armée de terre entière. Ces hommes et femmes entraînés pendant des années aux métiers de la guerre brandissent des armes à feu de dernière génération et viennent grossir nos rangs avec des sourires d'extase.

Après une nuit de pluie intense qui a voulu noyer notre chant sous sa sourdine, l'aube nous tombe dessus par une éclaircie. Ses couleurs viennent d'un autre monde. Nous ressentons tous les millions de kilomètres qui nous séparent du soleil, nous sentons sur nos peaux chacun des millimètres que cette lumière a dû forer dans le vide de l'espace, dans le trop-plein de l'atmosphère, pour arriver jusqu'à nos yeux.

Nous ne sommes pas encore des millions mais nous voulons rendre à cette étoile une goutte de la splendeur qu'elle nous offre. Notre chant s'aiguise, nos corps se mettent à bouger en cercles concentriques, notre voix monte verticalement dans une sorte de colonne qui en augmente la pression, la pousse à des limites insupportables. Elle traverse les nuages, une zone épaisse et froide après laquelle les matières commencent à chauffer. Nous le sentons depuis le sol, ça nous excite, ça nous permet de puiser dans des réservoirs d'air que nous ne nous connaissions pas. Certains d'entre nous ferment leurs paupières pour éviter que leurs yeux s'exorbitent et se détachent de leur corps. Là-haut notre voix est bombardée par des myriades de météores qui l'affaiblissent, l'étouffent, l'arrêtent cruellement et la font retomber au sol, vers son origine, nos bouches. Nous ravalons notre voix et, pour la première fois, nous nous sentons épuisés.

Lorsque je rouvre les yeux, mon corps est en train de marcher. Même évanouis, nous avons continué à avancer. Nous sommes sur un chemin de montagne escarpé, nous ne pouvons progresser qu'en file indienne. Lorsque je suis presque au sommet, je regarde en bas et je vois la vallée encore inondée de nos corps. Des humains sortent des grottes, des cavernes et s'unissent à nous avec leurs armes en pierre. Leurs voix sont si basses que parfois elles disparaissent de mon ouïe.

Je vois s'approcher de nous un très vieil homme en haillons, il doit avoir plus de cent ans, il chante mais n'émet aucun son, sa voix n'a pas servi depuis des décennies, il n'a plus d'oreilles. C'est un ermite, il a entendu une vibration, haut, très haut dans la stratosphère, à l'aube, il y a quelques jours. Ses jambes sont d'une raideur exécrable et pourtant, se servant de sa canne, il marche. On ne le voit pas bouger mais il marche aussi vite que nous, il glisse sur le tapis huileux de notre chant. Il ne lui reste que ses canines, des crocs verdâtres épouvantables.

Un matin nous arrivons sur la ligne de crête d'une hauteur. Nous voyons, disposé devant nous, un mur de gens et d'animaux. Ils ne réagissent pas à notre chant, si ce n'est par leur quasi-immobilité. Notre chant, si possible, est encore plus beau qu'au départ, l'atmosphère de la Terre est notre caisse de résonance. Nous approchons de ces gens, ils n'ont pas de bouchons sur les oreilles, tout leur être est coloré de blanc. Ils ne chantent pas, mais c'est comme si : une vibration puissante monte d'eux. Les animaux qui les accompagnent se mettent à courir, à voler, à ramper vers nous. Des corps me servent de bouclier. Nous nous débarrassons facilement des grosses bêtes. Ce sont les insectes qui font le plus de dégâts. Ils piquent par essaims, ils se glissent dans les bouches et les narines, font suffoquer de l'intérieur quelques-uns de mes guerriers-chanteurs. Une volée d'oiseaux, des hirondelles, part vers nous et, au lieu de nous attaquer, se met à chasser les insectes. Nous continuons d'approcher. En arrivant à quelques mètres des hommes et femmes en blanc, nous ralentissons, c'est la première fois. Nous pourrions tous les tuer en quelques minutes. Nous chantons plus bas. Je suis troublée, ces gens qui se tiennent debout devant moi me ressemblent tous, beaucoup, beaucoup plus que l'armée qui m'accompagne. Un vieil homme est la copie trapue de Faïel. Je reconnais en lui l'homme que j'ai suivi dans la forêt le jour où j'ai été entourée par les loups. Il semble lui aussi lire une ressemblance sur mon visage. Il est blanc de rage. Nous arrêtons de chanter bouche ouverte. J'arrête de chanter tout court. Mon frère est à mes côtés, il va vers le vieil homme qui lui assène une gifle.

Ça le laisse allongé par terre, sans connaissance. C'est comme si je voyais le futur, ou le passé, terrasser le présent. D'un geste, le vieil homme nous envoie une première salve de ses guerriers. Ils sont forts, tenaces, tuent presque le triple de leur nombre à mains nues mais ils finissent par succomber. Ils sont comme un fleuve puissant qui rencontre l'océan. Le patriarche pleure d'une rage impuissante. Une femme s'approche de lui, lui tire fermement les cheveux de la nuque pendant que des hirondelles se posent, menaçantes, sur lui. Je connais cette femme, je connais cet homme. Ils sont ma famille. Je m'approche de l'homme. Il n'ouvre pas la bouche mais se met à parler dans ma tête.

« Ça ne doit pas se passer comme ça, sombre conne. »

Je regarde la flamme puissante de ses yeux.

« La ville est morte depuis longtemps, il faut la laisser pourrir de l'intérieur. »

Je pointe mon index, je touche son ventre, ça m'amuse, c'est drôle, les hirondelles s'envolent.

« Tu aurais dû mourir depuis longtemps. Tu chantes avec une voix de morte, tu sais ? Qui es-tu ? »

Je pousse la femme qui lui tire les cheveux et je vais derrière lui. Il ne se retourne pas.

« Qui es-tu ? La mère ou la fille ? »

Je mets mon pied gauche sur son mollet, ma main droite tire sur sa chemise. C'est un roc.

« Dis-leur de lâcher leurs armes. Installez-vous avec nous dans nos hameaux. »

Je l'escalade et viens m'asseoir sur ses épaules. Je pose mes mains devant ses yeux. C'est brûlant. Je contiens la chaleur dans mes paumes. Je sens que ses muscles lâchent prise. Il ferme ses paupières. Sa tête chauffe à blanc, mon ventre reçoit la chaleur et la transmets à mes jambes, ça redescend sur ses épaules. Il garde la bouche fermée mais sa voix chante à travers la mienne. La femme à côté de nous se met à chanter aussi, c'est comme si nous venions de gagner des siècles entiers de chant, comme si à présent nous pouvions toucher le centre de la Terre avec nos voix. Le sol vibre sous chacun de nos pas. Les êtres poussiéreux s'unissent à nous et ouvrent notre harmonie à des territoires inexplorés. C'est comme si nous chantions ce chant pour la première fois.

Nous reprenons notre marche. Nous laissons désormais derrière nous un sillon blanc. Les animaux font partie de notre armée.

Histoire du pouvoir

Je dors mal.

Je n'en peux plus de cette peau qui pèse dès le réveil comme une armure flasque sur mes os, sur mon squelette plein d'arthrose. Je voudrais qu'on me débarrasse de ce poids, que je n'aie pas à subir tous les jours l'humiliation de ce corps lourd, lesté par le temps et les insomnies. La nuit, j'aimerais disparaître, être engloutie par un sommeil sans rêves puis être recrachée le lendemain hors de mon lit et qu'on oublie ces heures ignobles.

À une époque, j'avais trouvé. Je me couchais dans le coma. Du vin, plusieurs verres pendant le repas du soir, des digestifs, des cocktails, ce qu'il y avait, je composais en fonction des soirées – on ne peut pas trop faire la fine bouche quand il s'agit de sa survie –, et pour finir, des somnifères qui correspondaient parfaitement à mon métabolisme. Je remerciais tous les jours mon médecin pour ce qu'il appelait les «pilules du sopor». C'est un vieux mot, sopor, ça veut dire coma, ou presque. Il aime les vieux mots, mon médecin, surtout quand ils sont si beaux. Le sopor. C'était l'idylle, pendant des longues et extraordinaires années, avec mon médecin. Il augmentait mes doses dès que mon cocon se laissait fissurer par les bruits ou par les rêves, il était si compréhensif. Et chaque jour je me réveillais comme si je ne m'étais jamais couchée, je me mettais debout pour reprendre la marche que j'avais interrompue quelques heures avant. Souvent, je découvrais sur moi les habits de la veille. Ça facilitait les choses. Une petite prière, une petite douche, et j'étais prête pour le petit déjeuner. Et tout cela sans jamais avoir arrêté d'être la Présidente. Pas une seconde. Formidable.

Mais là, ça y est, ça revient, je dors mal. Ça a commencé il y a une quinzaine de jours, une nuit je me suis fait réveiller par le ronflement de mon mari. Un son gras, puissant, qui a pénétré mes tympans et s'est frayé un chemin jusqu'à ma conscience. Éveillée. Impossible de replonger dans le néant. Un étau de migraine, l'haleine puante, les os en feu et le cœur qui part en vrille et ne semble suivre plus aucune cadence. C'est la haine, la fureur qui m'a donné la force de me lever et d'aller jusqu'aux waters pour me faire vomir et voir si ça pouvait changer les choses. Rien. Cela n'a rien fait.

« Docteur, c'est revenu, je ne dors plus. » Ça c'est moi, le lendemain.

« Cela dure depuis longtemps ?

— Juste cette nuit, mais jamais je n'ai été si éveillée.

— Quelque chose vous inquiète ?

— Je reste la Présidente de cette ville, docteur.

— Plus que d'habitude, je veux dire.

— Non, je ne crois pas. Je ne vois pas. Rien de plus que d'habitude, non.

— Pourtant, ces disparitions, récemment… cette histoire de rats…

— …

— Il y a de quoi s'inquiéter. Vous ne trouvez pas ? Moi-même je suis inquiet. »

J'aurais aimé le gifler. Nous étions là pour moi, mon insomnie, s'il savait où je les lui ficherais, ses inquiétudes.

« Des enquêtes sont en cours. Nous trouverons. Et puis j'ai pleine confiance en la protection de notre Seigneur (il est fort croyant, le médecin), un pèlerinage est en cours, vous le savez, depuis un mois.

— Un indigène pèlerin, on aura tout vu.

— C'est mon indigène, docteur, n'oubliez pas.

— Bien sûr, bien sûr. Vous avez tellement de courage à convertir toutes ces âmes.

— Alors vous voyez, les disparitions, les rats, la fête des lumières au nord-ouest, non, cela ne m'inquiète pas plus que d'habitude. Je veux juste dormir.

— Bien, alors voyons comment ça se passe cette nuit, et nous aviserons par la suite. C'est peut-être juste une mauvaise parenthèse. »

Pas de parenthèse. La nuit d'après, au bout de quelques heures j'ai été réveillée par l'aboiement d'un chien de rue. J'ai croisé les mains et j'ai prié, allongée à côté du corps massif de mon mari. Cela faisait tellement longtemps que je n'avais pas prié le soir, la nuit. J'étais peut-être punie pour cela. Qu'on me rende mon sommeil, je serai une fille sage. J'ai entassé mes promesses à Dieu au-delà du raisonnable. Il n'a pas dû être convaincu, il ne m'a pas rendu la paix. Le médecin, lui, s'est résolu à augmenter ma dose.

« La ville a besoin d'une Présidente reposée, que le sopor soit avec vous.

— Vous avez de l'esprit. »

Rien. Cela n'a rien changé. Le couinement d'un rat. Mes yeux se sont même ouverts plus tôt. J'ai peiné à croire qu'il faisait encore nuit, qu'une telle incandescence était la nuit. J'ai eu peur d'être morte, de m'être trompée dans les doses et, détachée de moi-même, d'avoir eu accès à ce que les vivants ne peuvent pas voir. Mais non, c'était juste la nuit dans ce qu'elle a de plus répugnant, sa matière visqueuse embrasée de panique. Des visions nettes, affreuses, dont je pourrais décrire le détail le plus infime.

Le médecin a refusé de m'augmenter encore la dose de somnifère. J'avais de la température, il m'a prescrit du repos. Drôle d'humour, le médecin. Avant de me reposer je suis allée participer à une réunion à propos du système d'égouts de la ville. Je n'écoutais qu'à moitié. J'avais l'impression que l'ingénieur qui nous présentait ses diapositives transpirait plus que permis. C'était offensant à voir. La salle entière en est devenue humide, ça vibrait de son stress, ça laissait passer plus facilement l'électricité violente des corps. L'incandescence vue pendant la nuit était à nouveau là, elle n'est plus jamais repartie.

Je suis rentrée chez moi et me suis mise au lit en pleine journée. Depuis, je suis la proie d'une meute de visions. Je ne dors pas, je rêve et mes rêves m'épuisent. Je vis allongée, en sueur. J'ouvre les yeux, je reçois des visites. Il n'y a pas trois jours, ma fille est venue. Elle était accompagnée par son mari Taloud. Ce type. Je ne m'y habituerai jamais. L'avoir dans ma famille. Je ne l'ai pas saisi tout de suite. Mon flair n'a pas marché avec lui. Il arrive où il veut. Il rend service, il sourit, il fait du chantage, il file des bakchichs, il travaille durement, il étudie les lois, voit les failles, chez les gens aussi, et dès qu'il y a une brèche il y met le doigt, la main, le bras et le voilà tout entier, il est chez vous, comme un poisson dans l'eau. Ça fait peur. Il m'a dit « Dorénavant vous pouvez m'appeler Francis, maman » ou Frank, François, ou je ne sais plus quel prénom à la con. Maman. Il me colle le même mot qu'il utilise pour cette femme, Resarye, la pédophile dégueulasse. Elle, c'est la seule chose qui me fait presque avoir de la peine pour ce brigand. « J'ai ma nationalité, maman », comme si je ne l'avais pas déjà compris à son histoire de nom. Le seul indigène à l'avoir, la nationalité. Il ne nous a pas demandé de soutien, de coup de pouce. Il s'est débrouillé tout seul. Comme un grand. Maman. Quand il a voulu épouser ma fille, je ne voyais que ses dents longues, acérées. Mais il insistait. Il se disait amoureux. Il s'était fait une position chez les indigènes depuis notre arrivée, et il a été l'un des premiers à apprendre notre langue. Maintenant j'en suis sûre, très tôt, il a percé à jour nos intérêts et s'est mis à les servir sans qu'on lui demande quoi que ce soit. C'était presque obscène à voir. Son dévouement, sa bonne volonté. Il ne demandait rien en retour, pas à nous en tout cas, mais il prenait ce qu'il voulait chez les autres, ça se voyait, chez les nôtres aussi à partir d'une certaine époque. Il croyait dur comme fer aux « bienfaits de notre apport civilisationnel », c'est lui qui disait ça. Il avait « épousé la cause ». Sincèrement. Puis il a voulu épouser ma fille. J'étais presque admirative de l'habileté avec laquelle il avait poursuivi ce but en secret pendant tant d'années. On ne l'a pas vu venir, le Président et moi. On n'allait pas lui faciliter la tâche. Le tordu. Il disait qu'il pouvait attendre encore, vieux garçon comme il était, une, deux années de plus, ce n'est pas grand-chose, mais que nous, les Présidents, devions tout de même prendre en compte que son cœur souffrait, et celui de son aimée aussi. En effet, ma fille était dans ses filets depuis belle lurette. Je vous laisse imaginer mon écœurement. J'ai voulu y voir clair. J'ai fait mener l'enquête par des gens de confiance. Ils m'ont tous remis le même rapport : arriviste, certes, mais loyal, pas d'infidélité connue à ce jour envers ses amis les plus proches et ses amours précédents (on aurait dit un saint, une, deux filles, datant d'une autre vie) et, détail non négligeable, sincèrement transi de la dauphine. Pourquoi ? Information pas facile à avoir, mais il avait fini par avouer, honteux et ému, qu'elle lui rappelait un amour de jeunesse, une certaine Sisine, morte loin, tuée, suicidée, je ne sais plus, loin d'ici, avant notre arrivée. J'ai demandé à voir une photo de cette femme. J'ai pouffé de rire. Une beauté. Encore plus belle que notre fille. Le garçon devait être frappé par une démence avancée pour déceler dans le visage de mon enfant une quelconque ressemblance avec cette femme. Tout les éloignait. Au nez grec de l'une répondait la trompette de l'autre, des lèvres fines souriaient à une bouche toute en pulpe et rondeur, un regard perçant et intelligent défiait des yeux d'une délicate innocence enfantine. Foutaises. Le malin avait dû savoir que je menais l'enquête et se moquait finement de moi. Voilà. Mais mes enquêteurs étaient catégoriques : ça leur paraissait insensé, à eux aussi, mais ils disaient que Taloud voyait littéralement son ancien amour en ma fille. Il devait être frappé par un syndrome bizarre : des rumeurs disaient que sa mère s'était occupée de ladite Sisine quand elle était gamine. J'en vomissais. Pas ma fille, apparemment, elle n'en savait rien, ou s'en fichait, je ne sais pas, elle ne voulait que lui, en tout cas. Et maintenant les voilà à mon chevet, inquiets de mon état de santé.

Ils m'énervent. Je leur demande comment se passent les choses en ville. Ils se regardent d'un air entendu et disent « bien ». Ils mentent. Je les observe, glaciale. Ils transpirent, ils sourient.

La chemise de Taloud se tache de sueur au niveau du nombril. Les yeux de ma fille deviennent humides. Je fais semblant de m'endormir pour qu'ils partent. Je finis par m'endormir pour de bon. Je rêve de Paris. La ville est méconnaissable, des gueux y traînent par bandes. Je les suis et ils marchent vers une foule épouvantable, immense. Je comprends que c'est la révolution, que la condamnation de Marie-Antoinette vient d'être prononcée et qu'on va voir sa tête rouler. L'excitation des gueux est contagieuse, mon corps court avec eux, assoiffé de spectacle. J'entraperçois la reine, de dos, je reste bouche bée : elle a mes cheveux. Terrorisée, je réalise qu'autour de moi personne ne parle français, qu'ils ont tous à la bouche les sons de la ville que je gouverne, que leurs visages ressemblent à ceux de Taloud et des autres indigènes. Ils commencent tous à bousculer la Reine, à la traiter de tous les noms. Je me réveille en hurlant. Je dois sortir voir ce qui se passe. J'appelle mon escorte, je leur dis qu'on va se promener en ville, ils se préparent sans broncher.

Les rues sont sales, d'une saleté outrageante, personne ne semble s'en inquiéter. L'air est lourd d'électricité. Il y a bien des gens, sauf qu'ils ne circulent pas. Ils bougent, ils se guettent, se surveillent, chargés d'une excitation qui peut se transformer en rixe ou en viol à chaque seconde. Les gardes, tous, pas seulement ceux de mon escorte, ont reçu l'ordre du Président de ne pas trop intervenir. Trop dangereux, soi-disant. J'ai la sensation d'être la seule non-indigène restée en ville. Où est-ce qu'ils se sont tous fourrés ces idiots ? Je passe devant les maisons de mes amis, elles semblent fermées depuis des jours. Sont-ils tous barricadés chez eux ? J'entends régulièrement monter à mes oreilles un chant très court, qui semble reproduire le bruit d'un marteau sur une barre de fer. Plein de *i*, lumineux. Ils n'ont pas le droit de chanter. Je le vois à leurs yeux, ils se croient tout permis. Devant moi passe un petit, crasseux, un de ceux qui ont appris ma langue, qui va à l'école. Il crie, enjoué, le même chant plein de *i* et s'amuse à donner des coups de pied à un sac en plastique.

« Dis-moi, mon petit, que chantes-tu ?

— Qu'est-ce que tu dis ?

— Je te demande ce que tu es en train de chanter. Ce que dit ton chant.

— Tu n'as pas rêvé de ça cette nuit ? Tu es bien la seule. »

Il me dit tu.

« Toute la nuit, du début à la fin, tout le monde a rêvé de ça. Je peux te la chanter ?

— Je t'en prie, petit. Dis-moi aussi ce que ça veut dire.

— Pas grand-chose, ça sonne bien, ça veut dire juste “dans les dents”, puis tu le répètes quelques fois en boucle et ça donne ce son-là. *Yïndaledïnde, yïndaledïnde, yïndaledïnde.* »

L’image de Marie-Antoinette avec mes cheveux se réimprime sur ma rétine. Je frissonne.

« Et qu’est-ce qui se passait dans ton rêve ?

— Je ne me souviens pas. Je me rappelle juste cette phrase. Tout le monde se rappelle juste ça. Mon père aussi, et il m’a dit que pour la première fois, ce matin, son café, il l’avait pris amer.

— …

— Je lui ai dit : “Papa, qu’est-ce que ça peut me faire ?” Il s’est énervé de mon insolence et il m’a dit qu’il essayait de rincer cette phrase de sa bouche et que l’amertume pouvait être une solution.

— Et il a réussi ?

— À boire son café amer ?

— À se rincer de la phrase comme tu dis.

— Non, il a fumé une cigarette, il a fait des gargarismes et il a râlé parce que l’eau, depuis quelque temps, y a trop de calcaire dedans.

— Tu peux y aller, petit.

— Au revoir Madame ! *Yïndaledïnde, yïndaledïnde, yïndaledïnde* ! »

Ça sent très mauvais, j'aperçois à quelques mètres de moi deux cadavres de chats. Leur sang trop fluide ruisselle jusqu'à une bouche d'égout. Si maintenant se mettent à mourir les chats aussi. Je le sens, le père du jeune garçon n'a pas été le seul à essayer de se débarrasser de la phrase rêvée. D'autres ont tenté avec d'autres liquides. Je le sens, diverses molécules violentes de ce chant coulent maintenant dans les canalisations, elles sont là en train de stagner dans les fosses septiques. Je le sens parce que l'électricité monte depuis le sol, depuis les tréfonds de la Terre. Et en montant elle s'harmonise, abandonne ces arrachements terribles qui la soustraient à toute prévisibilité, elle devient uniforme, englobante, comme les bras d'un parent. Des halètements de fornication s'élèvent de plusieurs coins, des râles d'humains mourants leur répondent. Mes oreilles se bouchent pendant une dizaine de secondes. Le monde ne ressemble plus à celui où j'ai vieilli. Je marche au hasard des bruits. Mon escorte a peur. C'est sans doute déjà trop tard. Je leur dis, ils ne comprennent pas. « C'est sans doute déjà trop tard. » Qu'est-ce qu'il y a à comprendre ? Bientôt un son se fraye un chemin dans mes tympans, les emplit, les sature, les explose. Je deviens sourde. Mais tout mon corps vibre avec ce son. Je dois m'asseoir par terre. Mon escorte, tous les gens autour, font la même chose. M'asseoir, c'est un trop joli mot. Je suis clouée au goudron, en vrai, écrasée comme un cafard. Une lumière de lune se superpose à la lumière du jour. Quel mauvais goût. Mon corps n'appartient qu'à cette voix qui chante en lui, tout autour de lui. Qui explose l'air de l'intérieur. C'est un chant de guerre.

À l'horizon, loin, je vois apparaître le ballon bordeaux du pèlerin. C'est trop tôt, beaucoup trop tôt pour que Saintorsole soit déjà de retour. Sous le ballon, ils sont des milliers, peut-être des dizaines, des centaines de milliers. Ils sont la terre entière. Parmi eux, les uniformes de l'armée de la métropole. Ils sont tous conduits par une enfant assise sur les épaules d'un vieux sans yeux. Dieu ne peut plus être de notre côté.

Mon corps se vide. Je sors de moi. C'est comme si j'avais accès aux corps de tous les gens autour de moi. Je suis soudain mon mari, je suis sur un toit avec notre fille et Taloud. J'ai peur, j'essaie de fuir. L'espace vide entre deux bâtiments me bloque. Il n'est pas question que ça se termine comme ça. Je dis à Taloud de sauter en premier. Il a peur, notre fille le retient. Je le fais reculer pour qu'il prenne de l'élan, puis je le pousse vigoureusement. Il ne peut que sauter. Il tombe entre les deux immeubles. Son corps fait un bruit sourd en se fracassant au sol. Je serre ma fille contre moi, je vais essayer de fuir par la cave. Puis mon corps d'homme aussi se met à vibrer sans retenue, je suis terrassé au sol avec ma fille, je comprends que c'est la fin au moment où tout sur terre tremble d'une même vibration. Je prie pour que l'immeuble sous nos pieds ne s'effondre pas. Ça n'a pas de sens. Ma fille, à côté de moi, est secouée par des spasmes de rire, elle est méconnaissable, un monstre, je ne l'entends pas, je n'entends plus rien. Je chante malgré moi.

Épilogues

L'armée conduite par Nennelle fit son entrée en ville comme la crue d'un fleuve. Elle s'infiltra partout, recouvrit toutes les rues, les toits, les places, remplit les bâtiments, les tunnels souterrains. Chaque centimètre de sol fut noir de chanteurs et animaux guerriers. Ils ramassèrent au passage les corps tremblants annihilés au sol des oppresseurs et des autochtones. Ils les emportèrent comme une longue vague. Personne n'arriva à se sauver. Il y eut des morts, on les ignora. La horde houleuse conflua vers le vieux quartier détruit. Les corps vivants furent posés là devant. Le chant s'écoula doucement. Les gens de la ville se remirent sur pied et purent regarder cette armée aux yeux incendiés et aux armes disparates. Ils ne comprenaient rien. Les oppresseurs se mirent tous à genoux, les larmes aux yeux. Tous sauf le couple présidentiel et leur fille. Ils étaient debout, hagards, le regard perdu dans le vide quelque part en direction de cette enfant lumineuse et du vieil homme blanchâtre qu'elle chevauchait.

Puis les soldats-chanteurs se baissèrent tous comme en un long soupir. Certains s'accroupirent, d'autres s'allongèrent tout à fait. Ils souriaient avec leurs yeux de fous, ils bâillaient lascifs et satisfaits, comme s'ils venaient d'entamer la digestion d'un repas extraordinaire. Nennelle, perchée sur les épaules de Vitelarìnze, regardait fixement la foule, les Présidents perdus. Elle commença à rire avec son ventre puis parla avec la voix de sa mère, moqueuse et menaçante.

« Vous avez pris cette ville pour une basse-cour. »

L'armée au repos soutenait chacune de ses phrases avec des olés, des applaudissements, transformait aussitôt ses propos en chants nonchalants.

« Vous avez joué aux coqs. Des coqs idiots, qui rient des morts des autres. C'est tout simple : maintenant vous devez partir. »

Des sifflements enthousiastes parvinrent de ses troupes, des commentaires enjoués.

« Vous voyez, nos yeux ont du mal avec votre présence, c'est physique, vous nous soulevez le cœur. »

Le corps du vieil homme produisait des harmoniques sombres presque imperceptibles en écho à la voix de l'enfant-mère assise sur ses épaules.

« Vous êtes venus jusqu'ici, et maintenant vous allez repartir. Sinon… »

Des menaces chantonnées commencèrent à fuser dans les rangs : des « on vous coupe la bite ! » des « on vous la fourre dans le nez », « on vous coupe les seins aussi ! tout ce qui dépasse ! » des « vous voyez ce bâton ? on vous tue tout de suite et vos familles ne vont jamais revoir vos têtes, c'est nous qui décidons ». C'était à se tordre de rire.

La voix de Nennelle habitée par Sisine reprit :

« Ceux qui ont perdu la bataille peuvent gagner la guerre. Ça arrive même aux meilleurs. Si vous résistez » elle pouffa de rire « eh bien, il y a un nœud coulant pour chacune de vos têtes ! Vous n'y pouvez rien. Fermez vos bouches et partez. Allez ! Sinon, vous avez entendu mes soldats, ils ont de la fantaisie. »

Elle laissa s'exprimer encore un moment les troupes au sommet de leur drôlerie.

« Cette terre et ces bras nous appartiennent à nouveau. Plus de maître, plus de patron, pas de ça ici. C'est clair pour vous ? »

Nennelle-Vitelarìnze fit un pas vers les envahisseurs. L'armée entière fut debout. Cela fit trembler la terre. Puis un enfant commença à frapper une casserole en criant cette phrase pleine de *i*, «*yïndaledïnde*, *yïndaledïnde*, *yïndaledïnde* ! ». Les guerriers prirent les oppresseurs, les soulevèrent en l'air et se les passèrent à une vitesse qui ne s'explique pas. En moins d'une minute, le courant des bras les avait amenés hors de la ville, au bout d'un quart d'heure, ils furent jetés au sol, une centaine de kilomètres plus loin. En rase campagne. L'armée s'étendait jusque-là. Ils étaient presque nus, les corps pétris, cognés par les mains qui les avaient transportés, les bijoux avaient écorché leur peau, ils titubaient, comme arrivés à la fin d'un immense toboggan. Certains d'entre eux n'avaient pas survécu.

Lorsque j'ai repris conscience, j'étais entouré par une foule immense qui semblait se réveiller au même moment que moi. Ma sœur Nennelle se tenait debout devant tout le monde. Elle n'avait plus la pâleur de la dernière fois que je l'avais vue, c'était Nennelle, avec son éternel air espiègle. Juste ce regard un peu perdu de quand elle est fatiguée. À côté d'elle, les bras ballants, Frangui la regardait, désemparée. Derrière les deux, j'ai reconnu les ruines du vieux quartier de la ville où nous sommes nés. Nennelle a froncé les sourcils un instant, comme si elle s'efforçait de se rappeler quelque chose. Puis son visage s'est éclairci dans un sourire. Elle a dit, de sa voix claironnante de jeune fille :

« Attendez ! »

Elle s'est approchée d'une femme squelettique au visage engourdi.

« Je peux ? »

La femme brandissait un couteau de boucher, elle lui en a offert le manche.

« Merci beaucoup ! »

Nennelle a empoigné l'arme. Elle la tenait comme elle tenait les branches qui traînaient dans la chênaie, épées d'il y a encore quelques semaines, du temps où les ennemis n'étaient qu'imaginaires. Frangui a eu un geste vers son épaule, comme pour la retenir. Nennelle l'a esquivée, a sautillé quelques mètres et s'est arrêtée devant Resarye.

« C'est toi que je cherchais ! »

La vieille femme l'a regardée avec dégoût, stoïque.

« Maman m'a dit que tu t'appelles Resarye, n'est-ce pas ? »

Puis, sans attendre de réponse, elle lui a coupé la gorge d'un mouvement rapide et a enfoncé la lame de son couteau à maintes reprises dans le ventre mou.

Je ne comprenais pas. J'ai voulu m'approcher de ma sœur pour l'empêcher de poursuivre mais j'ai senti un bras épais me retenir.

« Sisine se venge. Elle a ses raisons. »

Je connaissais le rôle que la mère de Taloud avait joué dans les médisances qui nous avaient poussés à quitter cette ville mais j'ai eu la certitude que cette phrase de Ouittorye se référait à autre chose, quelque chose de plus grave, de plus ancien. Personne n'est intervenu. Les Orphelines étaient sous le choc, elles craignaient que ma sœur ne leur réserve le même traitement. Nennelle leur a souri, a rendu le couteau à la femme squelettique au visage endormi, puis elle a arraché la branche de rosier incrustée dans sa main pour la déposer dans une des entailles du ventre de Resarye, elle s'est enfin dirigée vers Sara qui pleurait. Elle lui a dit qu'elle avait envie de prendre un bain, qu'elle sentait un peu mauvais. « Frangui vient avec nous, aussi. » Mais la petite a fait non avec la tête. Nennelle a haussé les épaules, elle est entrée avec Sara dans l'habitation la plus proche.

J'ai regardé pour la première fois derrière moi. Il y avait du monde à perte de vue. J'ai décidé de monter sur un lampadaire pour mieux observer. Une fourmilière au repos. Ils étaient là, tous plutôt silencieux, à se demander, comme moi, ce qu'ils allaient faire maintenant, s'il fallait faire quelque chose ou si c'était déjà bien comme ça, on pouvait s'arrêter là.

Je distinguais, éparpillées dans la foule, des figures d'un blanc pas naturel, presque peintes, c'étaient les seules qui bougeaient, qui se frayaient un chemin vers l'avant, comme obéissant à un appel. J'ai regardé en bas et me suis rendu compte que mon grand-père était de la même couleur qu'eux. Je me suis souvenu que Sara aussi, partie à côté de Nennelle, semblait avoir de la poussière partout jusque sous sa peau.

Les premiers Bâtisseurs sont arrivés, ils laissaient une trace blanche derrière eux. Mon grand-père leur a souri et a uni les flammes de son regard aux leurs. Ils ont eu l'air de comprendre quelque chose, ils se sont dirigés vers les ruines du vieux quartier. D'autres les ont suivis. Ils ont été rejoints par des hommes et femmes qui n'étaient pas tachés par la blancheur. Bientôt le vieux quartier est devenu un immense chantier. Lorsqu'il n'a plus pu accueillir aucun travailleur, des groupuscules se sont dirigés à la frontière de la ville, ils ont commencé à creuser avec leurs armes, avec leurs bras, à même leurs ongles. La foule, qui se perdait très très loin, a fait parvenir tous les outils et le matériel nécessaires à la construction, en les faisant glisser d'une main à l'autre aussi facilement que les corps des envahisseurs quelques minutes plus tôt. La masse d'êtres humains s'étendait jusqu'aux villages des Bâtisseurs, et certains d'entre eux étaient partis sélectionner les instruments qui pouvaient servir, coordonner les envois, depuis les endroits que l'avancée de l'armée avait vidés de leurs habitants. Mais cela je ne l'ai su qu'après. Sur le coup, ça m'a dépassé. C'était impressionnant à voir, pour chaque pierre se levaient des jambes, pour chaque dalle bougeait une quantité incroyable de mains.

J'ai voulu aider, moi aussi, mon grand-père m'a fait mettre en rang avec une équipe qui marchait vers l'ouest, nous nous sommes arrêtés devant la maison de Saintorsole, celle qui était devenue la villa présidentielle, et nous sommes entrés. J'ai compris très vite que l'objectif était de la délester de ses couches avilissantes, de faire à nouveau respirer ses pierres, de la rendre à son charme vibrant.

Partout, le chantier a duré une vingtaine de jours, au départ les animaux qui avaient accompagné notre descente se sont rendus utiles comme ils pouvaient, ils aidaient au transport, principalement. Mais ils se sont très vite rendu compte que l'histoire qui commençait était une histoire d'êtres humains et sont retournés vaquer à leurs occupations, bien plus intéressantes. Seules sont restées quelques hirondelles.

Nous avons suivi, pendant ces trois semaines, la discipline des Bâtisseurs. Silence, chant et construction. La ville est devenue cinq fois plus grande qu'avant et a vu apparaître autour d'elle une série de villages satellites plus beaux les uns que les autres. Les étranges communautés descendues avec l'armée de Nennelle ont retrouvé l'usage de leur langue, tout en continuant à savoir parler celle de cette ville. Ils resteront ici, toutes et tous, la question ne s'est pas posée. « Comme cela, non seulement ma parcelle de terre, mais toutes les régions que nous avons laissées derrière nous, vont se réensauvager ! Te rends-tu compte Djuañi ? » a dit Nennelle au bord des larmes.

Ainsi notre ville, si fermée aux étrangers avant l'arrivée des envahisseurs, est devenue une ville habitée par une tripotée de peuples. Des amours et des enfants sont nés de langues et de gènes croisés. Un gouvernement s'est organisé, avec tout ce qu'il peut y avoir de bien et de mal dans la gestion d'un pouvoir. Il fait de ces croisements un étendard, de la rhétorique, mais c'est bien plus profond que ça, chez les gens.

Quoiqu'il en soit, pendant de longues années nous avons vécu dans une relative sérénité. Chacun de nous s'est installé dans cette nouvelle vie à sa façon.

Saintorsole est resté affable et n'a pas voulu abandonner son métier de pépiniériste. Cela lui permet, dit-il, de voir plus souvent son fils et de jouer au grand-père dès qu'on a besoin de lui. Aux curieux qui viennent devant sa grille en quête de récits, il montre avec plaisir les barres en fer qui portent la marque des doigts brûlants de son ami Vitelarìnze, il raconte dans le détail la scène dans laquelle il a rechassé la foule hostile de devant sa maison et s'attarde sur son aveuglement à l'époque des faits : ça lui avait pris des semaines avant de se rendre compte que le fer forgé avait fondu.

Sara a récupéré son ancienne maison mais a laissé à Saintorsole une bonne partie de son terrain. Elle n'a pas vraiment le temps de s'en occuper, et la présence de Colin apporte un brin de sympathie à ses journées. Elle nous invite souvent, Nennelle et moi, à passer la voir. Elle est la seule à nous raconter des histoires sur notre mère, sur notre père. Au départ ça me gênait, maintenant j'en raffole. Nennelle a toujours tout écouté en hochant sa tête, comme si elle connaissait déjà les récits. À plusieurs reprises, il lui est arrivé de laisser échapper des « oui, maman m'a dit », après lesquels elle rougit légèrement.

Pour vivre, Sara a monté une entreprise de bâtiment et rénovation. Elle avait une flopée de maçons à la discipline inébranlable à disposition. La plupart des Bâtisseurs ont continué à vivre selon la règle qu'ils suivaient lorsqu'ils étaient cachés dans la nature. D'autres ont retrouvé une socialité parlante, ont changé de métier, de regard. Aucun d'entre eux n'a perdu son teint blanchâtre.

Ouittorye, Djesuppine et Nennelle ont emménagé dans une ferme pas loin de chez Sara. En voyant autant d'oliviers, Nennelle m'a dit « Tu savais donc tout ça d'avance ? ». Elle n'a jamais voulu croire que non, que ce n'était vraiment pas le cas. Elle est restée très proche de Djuañi, ils sont devenus tous les deux des gardes forestiers aimants et inflexibles. Ils sillonnent le pays à pied, parfois en hélicoptère, pour être sûrs qu'aucun être humain n'aille s'installer dans les régions vidées de leurs habitants par l'armée des chanteurs. Des centaines de milliers d'hectares qui se réensauvagent à un rythme si extraordinaire que même Nennelle en a été troublée : sous ses rires aux éclats elle sent le vertige, presque la peur, de cette nature si puissante.

Au cours des années, ces coins abandonnés par les humains ont allumé nos fantaisies, sont devenus le décor d'histoires et légendes improbables. Dans celles que j'ai entendues, les animaux jouent des rôles drôles, parfois féroces, les plantes et les eaux retrouvent une puissance ancestrale. Mais il m'arrive encore de m'insurger contre des récits faux sur la montagne que nous avons habitée. Si Djuañi est dans les parages, lorsque je proteste, il en profite pour me jouer sa vieille pantomime : ses gestes deviennent lents, il approche ses talons, fait sa pseudo-révérence et attaque avec son drôle d'accent : « Maître Faïel venu de loin pour faire la morale. Nous remercions Maître Faïel de grande sagesse. » Ouittorye, lui, m'invite à prêter l'oreille à ce qui se cache derrière ces mystères, ce surnaturel, ces peurs. Je ne comprends pas ce qu'il veut dire. Et alors, le plus souvent, j'arrête d'écouter. Les seuls récits qui ont continué à m'intriguer sont ceux où apparaît encore un être humain. Dans ces légendes, il a à chaque fois les traits d'un sauvageon, une sauvageonne, et il se nomme toujours Frangui.

À défaut d'être restée dans nos vies, la petite est venue habiter nos imaginaires avec une force que sa timidité enfantine n'aurait pas laissé présager.

Frangui, après avoir vu Nennelle se déchaîner sur Resarye, avait été dégoûtée des êtres humains. Elle était partie marcher seule. D'abord sans but, apparemment, puis on avait compris qu'elle cherchait à s'éloigner en ligne droite des centres habités. Une flèche solitaire dans ces journées de trajets en boucles déterminés par les chantiers. Un garçon en fauteuil roulant la suivait de loin, c'était Tchan, mon ami d'enfance, qui disait être tombé amoureux d'elle sans la connaître, quand il avait vu qu'elle essayait de retenir Nennelle de trucider Resarye. La voyant partir, il s'était mis à la suivre, à l'interpeller, Frangui ne lui avait pas prêté attention, juste un regard comme pour enregistrer sa présence. Tchan avait alors renoncé. Pendant quelques jours, elle avait été aperçue à la lisière des bois ; en train d'observer comme pour une dernière fois la communauté des hominidés.

Une année après l'autre, régulièrement, des gens assuraient l'avoir vue à tel ou tel endroit, en mimant là la démarche d'un chevreuil, ici la toilette d'un félin. Questionnée, « tu ne l'as jamais aperçue lors de tes promenades ? », Nennelle préférait ne pas répondre. On lui demandait souvent d'interroger les animaux à ce sujet, on prétendait vouloir s'assurer que la petite Frangui allait bien, et qu'elle n'était pas dangereuse pour eux – parfois de simples accidents étaient mis en lien avec la récente apparition de la sauvageonne dans le coin. Nennelle répondait qu'elle ne savait plus parler aux bêtes. Je savais qu'elle mentait. Elle continuait, mais c'était désormais pour son plaisir personnel, de la même façon que Djuañi continuait à travailler la vigne : une façon de composer avec la vie, c'est tout.

Pour ce qui est de moi, le raisin, le vin, sont restés mon métier à temps plein. Même si j'ai dû changer mes méthodes, m'approcher davantage de ce que Djuañi faisait en montagne.

J'ai emménagé tout près de là où j'avais grandi. J'ai pris dès la fin des chantiers un appartement assez grand. Mon idée était d'y vivre quelque temps en colocation avec le garçon de la chênaie, s'il en avait envie. Je ne l'avais pas encore croisé depuis le jour de la libération mais je me disais que c'était normal, avec tout ce monde.

Au fil des semaines, il est resté introuvable, je demandais autour de moi si quelqu'un avait vu un beau garçon de montagne de cette taille et avec les yeux couleur de châtaigne mais à chaque fois qu'on me répondait par l'affirmative, ledit garçon s'avérait évaporé dans l'air ou tout simplement quelqu'un d'autre.

Lorsque j'ai demandé à Ouittorye et à Nennelle de m'aider – je n'ai pas osé en parler à Djesuppine, de peur qu'elle se rappelle la fois où nous l'avions vue se baigner nue –, tous les deux m'ont regardé avec des grands yeux en me disant qu'ils ne voyaient pas de qui je parlais. J'ai eu le sentiment qu'ils se moquaient de moi. Je leur en ai voulu. Je ne leur en ai plus touché un mot.

Depuis, j'offre ma chambre à des amis et amies qui veulent partir de chez leurs parents alors qu'ils n'ont pas encore trouvé un amoureux. Nennelle n'a jamais cessé de me regarder curieusement. Il y a eu même une période où elle s'est mis en tête de me trouver un partenaire. Elle me présentait des candidats de tout âge, tout genre. À l'époque comme aujourd'hui, mon cœur ne battait longtemps pour personne. « Je sais qu'autrefois tu as été amoureux de Sara », m'a dit ma sœur un jour. J'ai rougi, le souvenir m'en est revenu. C'était un amour d'enfant et pourtant, depuis, je ne cesse de ressentir une certaine gêne lorsque je la croise ailleurs que chez elle, Sara. Chaque fois que j'entends une volée d'hirondelles, et que je pressens son arrivée, mes narines s'emplissent de l'odeur de ses aisselles qui m'avait tant troublé lorsque j'étais petit. Mais cela n'a pas vraiment d'importance.

Même si tout le monde m'a dit que ce n'était plus la même personne que j'avais connue, j'aurais aimé passer plus de temps avec mon grand-père Vitelarìnze. Mais lui et ma grand-mère Marisabède nous ont quittés la nuit après la fin des chantiers. L'histoire est connue, mais je tiens à la raconter ici.

Saintorsole, on ne sait pas trop pourquoi, tenait à ce que les époux d'antan se revoient. À l'insu de son vieil ami, il l'avait donc amené devant le banc où se tenait sa femme. Marisabède avait regardé son mari d'un œil distrait, mollement, et avait fait couler un crachat très liquide de sa bouche. Elle avait senti, trois semaines auparavant, la voix de sa belle-fille Sisine chanter en elle, ça l'avait désarmée de toute rogne, de toute envie. Vitelarìnze, lui, semblait ne pas comprendre pourquoi son ami l'amenait voir cette vieille femme qu'il ne connaissait pas. Il avait regardé son ancienne maison et s'était exclamé : « Mais regardez-moi cette belle bâtisse, mes compliments madame ! », puis, s'adressant à Saintorsole : « Colin, ce soir je vais dormir chez toi, dans le même lit que toi, dans ton ancienne cage ! J'espère que cela ne te dérange pas. »

Cette nuit-là a été délicieuse. Pour la première fois depuis des mois, tout le monde a dormi entre quatre murs, sous un toit. À l'exception de quelques jeunes qui avaient pris le goût de la belle étoile et de ma grand-mère Marisabède qui était dans une de ces journées où elle était indéplaçable de son banc. Chacun a trouvé le sommeil à des heures différentes, certains fatigués par les longues journées de travail, d'autres secoués par les fortes émotions récentes, les plus chanceux dans l'apaisement qui suit les étreintes amoureuses. Fait exceptionnel, il y a eu peut-être deux ou trois heures durant lesquelles aucune de ces centaines de milliers d'âmes n'était éveillée. Pendant ce temps, la ville entière a rêvé d'un chant d'une tendresse infinie, un chant qui saluait l'arrivée du printemps.

Tout le monde s'est réveillé radieux même si personne ne se souvenait des paroles, de la mélodie. Je ne sais pas si ça compte pour quelque chose, mais des années après, en aidant ma sœur à se débarrasser de certaines de ses affaires, je suis tombé sur une feuille qu'elle avait écrite à la main. Le papier avait glissé hors d'un cahier. En la lisant, ma mémoire s'est ravivée et j'ai cru reconnaître le chant de cette nuit délicieuse. Je retranscris ici sa traduction, regrettant que vous ne puissiez pas entendre les sons de notre langue.

Quand je vois la cerise rouge
suspendue à la branche, à côté de la fleur,
je m'illumine et mon cœur s'emplit,
entre mes jambes je sens quelque chose grossir,
et cette odeur, elle me rend fou !

Printemps,
pendant tout l'hiver je n'ai pensé qu'à toi.
Printemps,
ce sang qui coule dans mes veines se met à fondre devant toi.

J'ai à peine le temps de sortir et le soleil m'embrasse déjà,
ça se voit que tu es arrivé, printemps,
partout se mettent à chanter les grandes personnes,
à chaque coin de rue jouent les petits
et toi, mon mari, tu as une de ces odeurs…

Printemps,
pendant tout l'hiver je n'ai pensé qu'à toi.
Printemps,
dans ce lit je cuis embrasée par toi.

Printemps,
chantent les oiseaux au balcon.
Printemps,
s'embrassent les amoureux dans les halls d'immeuble.
Printemps,
chaque frère embrasse frères et sœurs.
Printemps,
mes yeux sont pleins de tes couleurs.

Je lui ai demandé si c'était bien le chant dont nous avions tous rêvé et elle m'a dit que oui, en effet, elle avait essayé d'en retranscrire les mots au réveil, mais que « ça n'avait rien donné », comme si ce que je tenais entre mes mains n'était pas suffisant pour elle. Quant à moi, j'ai eu la sensation de lire le même chant, mot pour mot, mais qui peut savoir. La mémoire s'amuse à jouer des tours à mes semblables depuis la nuit des temps : même si j'arrive et que je dis « oui, c'était ça, exactement ça », personne ne pourra savoir si c'est vrai. En relisant aujourd'hui ces mots, je retrouve le même bien-être, la même extase qui m'avaient frappé au réveil ce matin-là. Cela me suffit.

Mais je m'égare. Je voulais parler de deux choses étranges qui se sont produites au cours de la nuit où tout le monde a rêvé du printemps. Les premiers à les découvrir furent Saintorsole et les voisins de ruelle de ma grand-mère.

Un petit homme rabougri, plus matinal que les autres, avait ouvert la porte d'entrée de son rez-de-chaussée encore bercé par les sons de ses rêves et avait vu la silhouette de Marisabède à sa place habituelle. Il avait bâillé un « bonjour » machinal et s'apprêtait à faire son café lorsqu'il avait été retenu par l'impolitesse de sa vieille voisine. Qu'est-ce que c'était que cette manière de ne pas répondre à ses bonjours ? Ce n'était pas de sa faute si son fou de mari ne l'avait même pas reconnue la veille. Il était sorti pour cracher dans sa direction et lui dire ses quatre vérités et c'est ce qu'il avait fait, mais malgré la faible lumière de l'aube, il s'était rendu compte que quelque chose n'allait pas. La masse énorme de Marisabède ne réagissait pas, demeurait complètement immobile. Il s'en était alors approché et était resté interloqué. Sa voisine était bien là, en tout et pour tout égale à elle-même, mais elle était tout simplement en pierre, en ciment, on aurait dit. Il ne savait pas quoi faire. Il était retourné préparer son café, crispé.

Heureusement, au bout de quelques minutes, les autres voisins étaient sortis eux aussi et avaient créé un attroupement ébahi devant la métamorphose de Marisabède. Ils étaient entrés chez elle pour constater son absence. Un miracle, une punition divine, un simple processus chimique, une mauvaise blague ? Ils ne savaient plus quoi penser. Ils avaient commencé à tapoter de leurs doigts la matière, d'abord craintifs, puis en experts. Quelqu'un s'était mis à genoux et avait essayé de voir ce qui se passait au niveau du sol. Sa découverte avait été fondamentale pour embrouiller davantage les esprits. Les pieds semblaient être faits de la même matière que les dalles de la rue, des solides pierres calcaires, et sur son talon droit était sculpté, à même la chair, un signe, une signature : V. Le V de Vitelarìnze. Une vague d'outrage et d'indignation avait secoué la ruelle. Toutefois, personne n'avait su expliquer ce qui s'était passé pour ma grand-mère parce que le Vitelarìnze en question, mon grand-père illuminé, n'était pas plus joignable qu'elle.

Saintorsole n'avait pas su refuser à son vieil ami de dormir avec lui, mais c'était pour cette seule et même nuit, il avait été catégorique. Il avait eu du mal à s'endormir mais avait passé une nuit extraordinaire grâce au chant de printemps qui était venu détendre tous ses vieux muscles. Il avait été réveillé plus tôt que son corps n'aurait voulu par de la matière granuleuse qui se glissait entre son dos et les draps. Les yeux encore fermés, il l'avait prise entre ses doigts et avait cru reconnaître la texture d'une terre sèche. La même qu'il travaillait pendant l'été dans les terrains autour de la maison de Sara. Ses rêves annonçaient le printemps, pas l'été, ça n'avait pas de sens. Il avait porté instinctivement les doigts près de son nez. C'était bien de la terre. Que diable faisait-elle dans son lit ? Qu'est-ce qui lui prenait de glisser comme ça, sous son dos, dès qu'il se retournait ? Il avait voulu toucher son vieil ami Vitelarìnze. Mais ses mains n'avaient pas trouvé le corps dense du berger bâtisseur. Elles avaient senti quelque chose de dur, et puis comme de l'herbe, des fleurs. Saintorsole avait fini par ouvrir ses yeux et avait vu ce que nous sommes allés tous voir ce jour-là.

À la place du corps de mon grand-père se trouvait un squelette qui faisait exactement sa taille. Les os semblaient avoir été polis par le temps et par les vents, ils étaient posés sur une fine couche de terre d'où jaillissaient plantes et fleurs. De ses yeux montaient deux gaillardes vivaces dans les tons orange et rouge, de sa bouche une touffe de pissenlits. Son sternum, lui, laissait pointer un arbuste de chêne. Personne n'a su dire si le vieux fou avait joué là sa dernière supercherie ou s'il s'était passé des choses qui dépassaient tout entendement.

Un médecin a confirmé l'âge du squelette, qui correspondait bien à celui de mon grand-père, et avait fait remonter la mort à plusieurs années auparavant, probablement une dizaine.

Les Bâtisseurs, depuis, ne travaillent jamais ce jour de l'année. Vitelarìnze est devenu une espèce de saint patron pour eux.

Nennelle a voulu planter le jeune chêne au sud de mes vignes, ignorant ma réticence et les conseils de Djuañi. « C'est un chêne spécial, il est né du cœur de papi ! » Je doute, en effet, que ce soit un arbre normal, il grandit à une vitesse extraordinaire, trois mètres par an, il semble se reproduire chaque mois de mai avec une détermination de pionnier : en moins de cinq ans j'ai eu face à moi une jeune chênaie. Nennelle m'a offert le plus beau des cadeaux.

Parfois j'ai l'impression d'entendre chantonner les arbres, je crois reconnaître la voix de mon grand-père, celle du garçon sauvage. Mais quand je m'approche, ces sons disparaissent. Peu importe, lorsque je le regarde en m'essuyant le front, j'en ai la certitude : ce bosquet qui tend ses branches dans l'air, vers la lumière, survivra à l'espèce humaine.

Remerciements

À Martina, grâce à qui j'ai compris
que je ne pouvais pas ne pas achever ce roman.

À ma sœur, dont la voix continue de chanter dans mes oreilles
et à qui j'ai volé quelques souvenirs montagneux.

À Jacopo, pour avoir fait naître neuf petits miracles chantés
sans lesquels cette histoire n'aurait pas vu le jour.

À Zazie, pour les années passées ensemble
et pour m'avoir montré qu'on peut très bien faire,
très bien créer, sans avoir lu tout ce qui a été écrit sur terre.

À mon père, pour sa générosité.

À Agathe, Irène, Luca, Marjorie, Talya, Vincent,
à leurs relectures précieuses et encourageantes,
au travail qu'elles ont enclenché.

À Gunther, pour sa menace.

À Irène qui m'a offert une prairie et un temps d'écriture
hors du temps au Moulin de Galy, à Camille, Mihai et Maïs
avec qui j'ai partagé ce privilège, des lampes frontales
et des moments précieux.

À ma mère pour m'avoir fait cadeau de Raymond Queneau.

À Daria & au Veris Chorus *(Davide, Gianni, Marilina, Mino, Pietro, Valentina, Rosanna) qui avant même que ce roman soit fini ont fait résonner son univers sonore dans une église et dans un théâtre.*

À Gianfranco & Erika, parce qu'ils m'ont ouvert les portes de leur ville et de leur théâtre, et parce qu'ils m'ont laissé jouer avec les mots dans le confort de deux résidences d'écriture.

À Arianna, pour l'authenticité vers laquelle elle ne cesse de m'accompagner.

À Georgia & Thomas qui se sont fait percuter par ces mots et les ont digérés sur scène.

À Aline, Pierre-Yves et Philippe qui ont œuvré pour que ce livre trouve d'autres chemins de publication.

À Anne-Cha, Cécile, Clémence, Sonia, qui ont eu la curiosité de lire ces pages avant les autres.

À Luigi et à nos promenades.

À Agathe qui, du début à la fin, a su rendre lisibles ces pages en prêtant l'oreille au français qui est le mien, à notre amitié.

À Aglaé, Charlotte, François, pour leur acuité, leur bienveillance, leur travail.

P. B.

Ça pouvait m'arriver aussi.
D'oublier cette partie du passé
comme petit à petit je savais que
j'oubliais sa langue. Ma langue,
la première en tout cas qui était
sortie de ma bouche pour toucher
le monde – ou mounne *je disais*
à cette époque – pour toucher
le monde qui m'entourait,
et pour être touché en retour.

Achevé d'imprimer en avril 2024 par les imprimeries Corlet.
N° imprimeur : 24030875. ISBN : 9782370554277. D.L. : août 2024.